Sociedade da transparência

Dados Internacionais de Catalogação na Publicação (CIP)
(Câmara Brasileira do Livro, SP, Brasil)

Han, Byung-Chul
   Sociedade da transparência / Byung-Chul Han ; tradução de Enio Paulo Giachini. – Petrópolis, RJ : Vozes, 2017.
   Título original : Transparenzgesellschaft

   7ª reimpressão, 2024.

   ISBN 978-85-326-5471-7
   1. Autorrevelação – Aspectos sociais
2. Internet – Aspectos sociais 3. Liberdade de informação 4. Transparência – Aspectos sociais
I. Título.

17-03614   CDD-303.3

Índices para catálogo sistemático:
1. Sociedade da transparência : Ciências sociais
303.3

**BYUNG-CHUL HAN
Sociedade da transparência**

Tradução de Enio Paulo Giachini

EDITORA
VOZES

Petrópolis

© 2012 Matthes & Seitz Verlag, Berlin.

Tradução do original em alemão intitulado
Transparenzgesellschaft

Direitos de publicação em língua portuguesa – Brasil:
2017, Editora Vozes Ltda.
Rua Frei Luís, 100
25689-900 Petrópolis, RJ
www.vozes.com.br
Brasil

Todos os direitos reservados. Nenhuma parte desta obra poderá ser reproduzida ou transmitida por qualquer forma e/ou quaisquer meios (eletrônico ou mecânico, incluindo fotocópia e gravação) ou arquivada em qualquer sistema ou banco de dados sem permissão escrita da editora.

Conselho editorial

Diretor
Volney J. Berkenbrock

Editores
Aline dos Santos Carneiro
Edrian Josué Pasini
Marilac Loraine Oleniki
Welder Lancieri Marchini

Conselheiros
Elói Dionísio Piva
Francisco Morás
Gilberto Gonçalves Garcia
Ludovico Garmus
Teobaldo Heidemann

Secretário executivo
Leonardo A.R.T. dos Santos

Produção editorial

Aline L.R. de Barros
Marcelo Telles
Mirela de Oliveira
Otaviano M. Cunha
Rafael de Oliveira
Samuel Rezende
Vanessa Luz
Verônica M. Guedes

Conselho de projetos editoriais
Isabelle Theodora R.S. Martins
Luísa Ramos M. Lorenzi
Natália França
Priscilla A.F. Alves

Editoração: Gleisse Dias dos Reis Chies
Diagramação: Sheilandre Desenv. Gráfico
Revisão gráfica: Nilton Braz da Rocha
Projeto gráfico de capa: Pierre Fauchau
Arte-finalização de capa: Sérgio Cabral

ISBN 978-85-326-5471-7 (Brasil)
ISBN 978-3-88221-595-3 (Alemanha)

Este livro foi composto e impresso pela Editora Vozes Ltda

*Daquilo de que os outros
não sabem sobre mim,
disso eu vivo.*
Peter Handke[1].

---

1. HANDKE, P. *Am Felsfenster morgens*. Salzburg, 1998, p. 336.

Sumário

1 Sociedade positiva, 9

2 Sociedade da exposição, 27

3 Sociedade da evidência, 39

4 Sociedade pornográfica, 51

5 Sociedade da aceleração, 69

6 Sociedade da intimidade, 79

7 Sociedade da informação, 87

8 Sociedade do desencobrimento, 97

9 Sociedade do controle, 105

1
Sociedade positiva

Nos dias atuais não há mote que domine mais o discurso público do que o tema da transparência. Ele é evocado enfaticamente e conjugado sobretudo com o tema da liberdade de informação. A exigência de transparência, presente por todo lado, intensifica-se de tal modo que se torna um fetiche e um tema totalizante, remontando a uma mudança de paradigma que não se limita ao âmbito da política e da sociedade. Assim, a sociedade da negatividade dá espaço a uma sociedade na qual vai se desconstruindo cada vez mais a negatividade em favor da positividade. Portanto, a sociedade da transparência vai se tornando uma *sociedade positiva*.

As coisas se tornam transparentes quando eliminam de si toda e qualquer negatividade, quando se tornam *rasas* e *planas*, quando se encaixam sem qualquer resistência ao curso raso do capital, da comunicação e da informação. As ações se tornam transparentes quando se transformam em *operacionais*, quando se subordinam a um processo passível de cálculo, governo e controle. O tempo se torna transparente quando é aplainado na sequência de um presente disponível. Assim, também o futuro é positivado em um presente otimizado. O tempo transparente é um tempo sem destino e sem evento. As imagens tornam-se transparentes quando, despojadas de qualquer dramaturgia, coreografia e cenografia, de toda profundidade hermenêutica, de todo sentido, tornam-se pornográficas, que é o *contato* imediato entre imagem e olho. As coisas tornam-se transparentes quando depõem sua singularidade e se expressam unicamente no preço. O dinheiro, que iguala tudo com tudo, desfaz qualquer incomensurabilidade, qualquer singularidade das coisas. Portanto, a sociedade da transparência é um abismo infernal (*Hölle*) do igual.

Quem relaciona a transparência apenas com a corrupção e a liberdade de informação desconhece seu real alcance. Ela é uma coação *sistêmica* que abarca todos os processos sociais, submetendo-os a uma modificação profunda. Hoje, o sistema social submete todos os seus processos a uma coação por transparência, para operacionalizar e acelerar esses processos. A pressão pelo movimento de aceleração caminha lado a lado com a desconstrução da negatividade. A comunicação alcança sua velocidade máxima ali onde o igual responde ao igual, onde ocorre uma *reação em cadeia do igual*. A negatividade da *alteridade e do que é alheio* ou a resistência do *outro* atrapalha e retarda a comunicação rasa do igual. A transparência estabiliza e acelera o sistema, eliminando o outro ou o estranho. Essa coação sistêmica transforma a sociedade da transparência em sociedade *uni*formizada (*gleichgeschaltet*). Nisso reside seu traço totalitário, em uma "nova palavra para dizer uniformização: *transparência*"[2].

---

2. Assim lemos no registro feito em seu diário por Ulrich Schacht, de 23/06/2011. Cf. SCHACHT, U. *Über Schnee und Geschichte*. Berlim, 2012.

A linguagem transparente é formal; sim, uma linguagem puramente mecânica, operacional, que elimina toda ambivalência. O próprio Humboldt já chamara a atenção para a intransparência fundamental que é constitutiva da linguagem humana: "Na palavra, ninguém pensa justa e precisamente aquilo que o outro [pensa], e por menor que seja a diferença, ela oscila, como um círculo na água, e atravessa toda a linguagem. Todo compreender é ao mesmo tempo um não compreender; toda concordância de pensamentos e sentimentos é igualmente uma divergência"[3]. Um mundo que consistisse apenas de informações e cuja comunicação fosse apenas a circulação de informações, livre de perturbações, não passaria de uma máquina. A sociedade positiva é dominada pela "transparência e obscenidade da informação em uma articulação tal, que já não há mais qualquer acontecimento"[4]. A coerção

---

3. HUMBOLDT, W. *Über die Verschiedenheit des menschlichen Sprachbaues und ihren Einfluss auf die geistige Entwicklung des Menschengeschlechts*. Berlim, 1836, p. 64.

4. BAUDRILLARD, J. *Die fatalen Strategien* – Die Strategie der Täuschung. Munique, 1992, p. 29.

por transparência nivela o próprio ser humano a um elemento funcional de um sistema. Nisso reside a violência da transparência.

A alma humana necessita naturalmente de esferas onde possa estar *junto de si mesma*, sem o olhar do outro. Pertence a ela uma impermeabilidade. Uma total "iluminação" iria *carbonizar* a alma e provocar nela uma espécie de *burnout psíquico*. Só a máquina é transparente; a espontaneidade – capacidade de fazer acontecer – e a liberdade, que perfazem como tal a vida, não admitem transparência. Assim, também Wilhelm Humboldt escreve sobre a linguagem: "No ser humano pode surgir algo cuja razão não encontre explicação nas circunstâncias precedentes; e feriríamos [...] precisamente a verdade histórica de seu surgimento e transformação se quiséssemos dele excluir a possibilidade dessas manifestações inexplicáveis"[5].

Também a ideologia da *post-privacy* é algo ingênuo. Em nome da transparência exige a eli-

---

5. HUMBOLDT, W. *Über die Verschiedenheit des menschlichen Sprachbaues...* Op. cit., p. 65.

minação total da esfera privada, que deve levar a uma comunicação translúcida e repousa sobre inúmeros equívocos. O ser humano *sequer é* transparente *para consigo mesmo*. Segundo Freud, o eu nega precisamente aquilo que o inconsciente afirma e deseja irrestritamente. O Id permanece amplamente oculto no Ego. Assim, na psique humana é aberta uma fissura que não deixa o Ego coincidir consigo mesmo. É essa fissura fundamental que impossibilita a autotransparência. Obviamente, entre as pessoas há um fosso divisor. Desse modo, torna-se impossível criar uma transparência interpessoal. Tampouco ela é algo desejável; é justamente a falta de transparência do outro que mantém viva a relação. Nesse sentido, Georg Simmel escreve: "O mero fato do conhecer absoluto, do esgotar o conhecimento psicológico nos torna sóbrios, mesmo sem que tenhamos estado embriagados, paralisa a vitalidade das relações [...]. A profundidade fecunda das relações, que adivinha e preza ainda um algo definitivo e último por trás do último revelado [...], não passa da recompensa daquele tato de finura e autodomínio, que respeita também o que é próprio e privado no íntimo, mesmo numa relação estreita, que abarca o todo do ser humano, e que põe limite ao direito de perguntar pelo direito do mistério"[6]. À coerção da transparência falta precisamente esse "tato de finura" (*Zahrtheit*), que nada mais é do que o tato do respeito pela *alteridade* que não pode e não deve ser eliminada completamente. Frente ao *pathos* da transparência que domina a sociedade atual, seria necessário exercitar o *pathos da distância*. Vergonha e distância não podem ser integradas no círculo veloz do capital, da informação e da comunicação, para que não sejam eliminados, em nome da transparência, os lugares de refúgio discretos, tornando-se iluminados e saqueados. Com isso, o mundo se torna mais desavergonhado e desnudo.

Também a autonomia de um pressupõe a liberdade para a não compreensão do outro. Sennet observa: "em vez de uma igualdade da compreensão, de uma igualdade transparen-

---

6. SIMMEL, G. *Soziologie* – Untersuchungen über die Formen der Vergesellschaftung. Frankfurt a. M., 1992, p. 405 [Gesamtausgabe, vol. 11].

te, autonomia significa que aceitamos o que não se compreende no outro – uma igualdade opaca"[7]. Além do mais, uma relação transparente é uma *relação morta*, à qual falta toda e qualquer *atração*, toda e qualquer *vivacidade*; totalmente transparente é apenas o morto. Reconhecer que há uma esfera positiva, produtiva da existência e coexistência humanas que rege legitimamente a coação por transparência seria um *novo iluminismo*. Nesse sentido, Nietzsche escreve: *"O novo iluminismo.* [...] Não é suficiente que vejas em que ignorância vive o homem e o animal; também deves ter, e também aprender, a vontade para a ignorância. É necessário que compreendas que sem esse tipo de ignorância a própria vida seria algo impossível, que ela é uma condição única para o vivente se manter e prosperar"[8].

Está comprovado que uma maior quantidade de informações não leva necessariamente

---

7. SENNETT, R. *Respekt im Zeitalter der Ungleichheit.* Berlim, 2004, p. 151.

8. NIETZSCHE, F. *Nachgelassene Fragmente* – Frühjahr-Herbst 1884. Berlim, 1973, p. 226 [Kritische Gesamtausgabe, VII.2.

à tomada de decisões mais acertadas[9]. A *intuição*, por exemplo, transcende as informações disponíveis e segue sua própria lógica. Hoje, por causa da onda crescente e até massificante de informações, está se encolhendo cada vez mais a capacidade superior de juízo. Muitas vezes um *minus* de informações ocasiona um *plus*. Não é raro que a *negatividade* do abandonar e do esquecer tenha um efeito produtivo. A sociedade da transparência não tolera *lapsos* de informação nem *lapsos visuais*, mas o pensamento e a inspiração necessitam de um *vazio*.

A palavra *felicidade* (*Glück*) provém da palavra *oco* (*Lücke*). No médio-alto alemão ainda se diz *gelücke* (felicidade-fortuna). Nesse sentido, uma sociedade que já não admitisse qualquer negatividade do oco ou da lacuna seria uma *sociedade sem felicidade*. O amor sem a lacuna do ver é pornografia; sem oco ou lacuna no saber o pensamento decai em cálculo.

---

9. Cf. GIGERENZER, G. *Bauchentscheidungen* – Die Intelligenz des Unbewussten und die Macht der Intuition. Munique, 2007.

A sociedade positiva se despede tanto da dialética quanto da hermenêutica, sendo que a dialética repousa na negatividade. Assim, o "espírito hegeliano" não se desvia do negativo, mas o sustenta e o conserva em si. A negatividade nutre a "vida do espírito"; o *outro no mesmo*, que gera uma *tensão negativa*, conserva vivo o espírito. Segundo Hegel, ele só é o "poder se olhar 'no rosto' o negativo, se se demorar junto a ele"[10]. Esse demorar é a "força mágica que o converte no ser". Quem se volta contra só por meio do positivo não tem espírito. Este é *lento*, pois se demora no negativo e o processa para si mesmo. O sistema da transparência elimina toda negatividade para acelerar a si mesmo; o demorar-se junto ao negativo se desvia e evita o *precipitar-se vertiginoso no positivo*.

A sociedade positiva tampouco admite qualquer sentimento negativo. Desse modo, esquecemos como se lida com o sofrimento e a dor, esquecemos como dar-lhes *forma*.

---

10. HEGEL, G.W.F. *Phänomenologie des Geistes*. Hamburgo, 1952, p. 30.

Para Nietzsche, a alma humana deve sua profundidade, grandeza e fortaleza precisamente ao demorar-se junto ao negativo. Também o espírito humano é um *nascimento doloroso*: "aquela tensão da alma na infelicidade, que nela acende a fortaleza [...], sua inventividade e valentia no suportar, perseverar, interpretar, explorar a infelicidade e a tudo aquilo que só é presenteado a ela em profundidade, mistério, máscara, espírito, astúcia, grandeza não lhe foi presenteado sob o sofrimento, sob a disciplina do grande sofrimento"[11]. A sociedade positiva está em vias de reorganizar a alma humana de uma maneira totalmente nova. No curso e empuxo de sua positivação, também o amor é nivelado em um arranjo de sentimentos agradáveis e de excitações complexas e sem consequências. Assim, em *Lob der Liebe* (Louvor do amor), Alain Badiou chama a atenção para o site de encontros Meetic: "O homem pode estar enamorado sem cair na paixão! (*sans tomber amoureux*), ou: "É bem simples

---

11. NIETZSCHE, F. *Jenseits von Gut und Böse*. Berlim, 1968, p. 167 [Kritische Gesamtausgabe, VI.2].

estar enamorado sem sofrer!"[12] O amor é domesticado e positivado para a fórmula de consumo e conformidade, no qual todo e qualquer ferimento deve ser evitado. Mas sofrimento e paixão são figuras da negatividade. De um lado eles evitam a fruição do que não é negativo; de outro, em seu lugar entram perturbações psíquicas como esgotamento, cansaço e depressão, que remontam em última instância ao exagero de positividade.

Também a teoria no sentido enfático é uma *manifestação da negatividade*. Ela é uma *decisão* que estabelece o que pertence a ela e o que não. Enquanto uma *narrativa* altamente seletiva, ela traça uma senda de *distinção*. Em virtude dessa negatividade, a teoria se torna *violenta*. Ela está "destinada a impedir que as coisas se toquem" e "separar aquilo que está misturado"[13]. Sem a negatividade da distinção é inevitável que as coisas cheguem à proliferação e à promiscuidade generalizada. Nesse

---

12. BADIOU, A. *Lob der Liebe*. Viena, 2011, p. 15.

13. BAUDRILLARD, J. *Die fatalen Strategien*. Op. cit., p. 219.

sentido, a teoria se avizinha da cerimônia, que separa o iniciado do não iniciado. É um erro admitir que a massa *positiva* de dados e informações, que hoje cresce mostruosamente, torne supérflua a teoria, que o nivelamento de dados substitua os modelos. A teoria como negatividade está estabelecida *antes* dos dados e informações positivos, como também dos modelos. A *ciência positiva*, baseada em dados, não é a causa, mas a consequência do *fim da teoria* iminente, em sentido próprio. A teoria não pode ser simplesmente substituída pela ciência positiva. A esta falta a negatividade da decisão, que é a única que decide o que *é* ou deve *ser*. A teoria como negatividade faz com que a realidade se manifeste ela própria, cada vez de modo diferente e de súbito, no qual aparece uma nova luz.

A política é um agir *estratégico*. Já por causa disso lhe é própria uma esfera oculta. Uma total transparência iria paralisá-la. Assim, o "postulado da publicidade [segundo Carl Schmitt] tem seu opositor específico na ideia de que pertencem àquela política arcana mistérios técnico-políticos que são de fato tão necessários ao absolutismo como os mistérios dos negócios e das empresas para uma propriedade privada e para a vida econômica, que se baseia na concorrência"[14]. Somente na *teatrocracia* é que a política aparece sem mistérios. Aqui a ação política dá espaço à mera encenação. Segundo Schmitt, a "plateia de Papageno" faz desaparecer o arcano: "O século XVIII ousava apresentar excesso de autossegurança e o conceito aristocrático do mistério. Em uma sociedade com essas características não há 'arcanos', hierarquia, diplomacia oculta e sequer qualquer política, pois os 'arcanos' fazem parte daquela grande política. Tudo deve desenrolar-se frente ao cenário (frente a um palco de Papageno)"[15]. Nesse sentido, o fim do mistério seria o fim da política, e Schmitt chega a afirmar que a política precisa de mais "coragem para o oculto"[16].

---

14. SCHMITT, C. *Römischer Katholizismus und politische Form*. Stuttgart, 2008, p. 48.

15. Ibid., p. 47.

16. Ibid., p. 58.

O partido dos piratas, como partido da transparência, faz avançar a pós-política, que se equipara à despolitização. É um antipartido, o *primeiro partido sem cor*. A transparência não tem cor. Nela, as cores não são admitidas como ideologias, mas apenas como *opiniões* desprovidas de ideologia. E opiniões não têm consequências, não são mordentes e penetrantes como as ideologias, faltando-lhes a negatividade repercutiva. Assim, a atual *sociedade da opinião* deixa intocado aquilo que já existe. A flexibilidade da *liquid democracy* consiste em trocar cores, dependendo da situação, e o partido dos piratas é um *partido de opinião sem cores*.

A política dá lugar à violência das necessidades sociais, que deixa intocados os quadros das relações socioeconômicas já existentes, aferrando-se nesse propósito. Enquanto antipartido, o partido dos piratas não está em condições de articular uma *vontade política* e produzir *novas coordenadas sociais*.

A coerção por transparência estabiliza o sistema existente de maneira bastante efetiva. Em si a transparência é positiva. Dentro dela não se encontra qualquer negatividade que pudesse colocar em questão o sistema político-econômico vigente; ela está *cega* em relação ao lado exterior do sistema; simplesmente confirma e otimiza o que já existe. Por isso, a sociedade da transparência caminha de mãos dadas com a pós-política. Totalmente transparente só pode ser o espaço despolitizado. A política sem referência desanda em *referendo*.

O veredicto da sociedade positiva é este: "Me agrada". É significativo que o facebook se negue coerentemente a introduzir um *emotion* de *dislike button*. A sociedade positiva evita todo e qualquer tipo de negatividade, pois esta paralisa a comunicação. Seu valor é medido apenas pela quantidade e velocidade da troca de informações, sendo que a massa de comunicação também eleva seu valor econômico e veredictos negativos a prejudicam. Com *like* surge uma comunicação conectiva muito mais rápida do que com o *dislike*.

Transparência e verdade não são idênticos. A verdade é uma negatividade na medida em que *se* põe e impõe, declarando tudo o *mais* como falso. Mais informação ou um acúmulo de informações, por si sós, não produzem qualquer verdade; faltam-lhes direção, saber e o *sentido*. É precisamente em virtude da falta de negatividade do verdadeiro que se dá a proliferação e massificação do positivo. A hiperinformação e hipercomunicação gera precisamente a *falta de verdade*, sim, a *falta de ser*. Mais informação e mais comunicação não afastam a fundamental *falta de precisão do todo*. Pelo contrário, intensifica-a ainda mais.

2
Sociedade da exposição

Segundo Walter Benjamin, para as coisas que estão a serviço do culto "é mais importante que existam do que sejam vistas"[17]. Seu "valor cultual" deve-se à sua existência, e não à sua exposição. A prática de colocá-las reclusas em espaço inacessível, limitando o acesso a elas, eleva seu valor cultual. Há imagens que permanecem encobertas a maior parte do ano. A negatividade do apartar (*secret, secretus*), delimitação, reclusão é constitutiva para o valor cultual. Na sociedade positiva, na qual as coisas, agora transformadas em mercadorias, têm de *ser expostas* para *ser*, seu valor cultual desaparece em favor de seu valor expositivo.

---

17. BENJAMIN, W. *Das Kunstwerk im Zeitalter seiner technischen Reproduzierbarkeit*. Frankfurt a. M. 1963, p. 21.

Em vista desse valor expositivo, sua existência perde totalmente a importância. Pois, tudo o que repousa em si mesmo, que se demora em si mesmo passou a não ter mais valor, só adquirindo algum valor se for *visto*. A coação por exposição, que coloca tudo à mercê da visibilidade, faz desaparecer a *aura* enquanto "manifestação de uma distância". O valor expositivo constitui a essência do perfeito capitalismo e não pode ser reduzido à contraposição marxiana entre valor de uso e valor de troca. Não é um valor de uso porque está afastado da esfera do uso; tampouco é um valor de troca porque não reflete qualquer força de trabalho. Deve-se unicamente à produção do chamar a atenção.

Benjamim aponta, de um lado, que na fotografia o valor expositivo rechaça completamente o valor de culto. Por outro lado, ele observa que o valor cultual não se retira sem oferecer resistência, mas arma uma última trincheira, que seria o "rosto humano". Assim, não é por acaso que o *portrait* ocupa o ponto central da fotografia primitiva. No "culto da memória aos entes queridos distantes ou falecidos", o valor cultual da imagem teria ainda seu "último refúgio"[18]. Na "expressão fugidia de um rosto humano" ainda se veria um aceno da aura a partir da fotografia primitiva. Seria isso que perfazia a "beleza pesarosa e incomparável". Mas onde o ser humano se ausentou da fotografia, ali começou a aparecer o valor expositivo no lugar do valor cultual.

Já de há muito que o "semblante humano, com seu valor cultual, desapareceu da fotografia. Na era do facebook e do photoshop o 'semblante humano' se transformou em *face*, que se esgota totalmente em seu valor expositivo. A *face* é o *rosto exposto* sem qualquer 'áurea da visão'"[19]. É a *forma de mercadoria* do "semblante humano". A *face* como *superfície* é mais transparente do que aquele rosto ou semblante que representa para Emmanuel Lévinas o lugar excepcional no qual irrompe a *transcendência do outro*. A transparência é uma contrafigura da transcendência, e a *face* habita a *imanência* do igual.

---

18. Op. cit., p. 23.

19. BAUDRILLARD, J. *Die fatalen Strategien*. Op. cit., p. 71.

Na fotografia digital toda negatividade é expurgada. Não precisa mais de câmara escura nem de processamento, não precisa ser precedida por nenhum *negativo*. É um puro *positivo*. Extintos estão o devir, o envelhecer, o morrer: "não só partilha (a foto) o destino do papel (perecível), mesmo que seja fixado em material mais duro, nem por isso torna-se menos mortal: como um organismo vivo é gerado de grânulos nucleares de prata, floresce por um momento para logo envelhecer. Atacado pela luz e pela umidade, empalidece, esgota-se e desaparece [...]"[20]. Roland Barthes liga à fotografia uma forma de vida para a qual a *negatividade do tempo* é constitutiva. Mas em suas ligações técnicas, nesse caso, ela está acoplada à sua analogicidade. A fotografia digital caminha de mãos dadas com uma forma de vida totalmente distinta, que se afasta cada vez mais da negatividade. É uma fotografia transparente sem nascimento e sem morte, sem destino

---

20. BARTHES, R. *Die helle Kammer* – Bemerkung zur Photographie. Frankfurt a. M. 1989, p. 104.

e sem evento. O destino não é transparente, e à fotografia transparente falta o adensamento semântico e temporal. Assim, ela não *fala*.

A figura temporal do "foi assim" é para Barthes a essência da fotografia; a foto dá testemunho do que *foi*. Por isso, seu humor de fundo é *a tristeza*. Para Barthes, a data é parte da foto, "porque faz que se note a vida, a morte, o desaparecer inevitável das gerações"[21]. A respeito de uma foto de André Kertész, Barthes observa o seguinte: "É *possível* que Ernest, o pequeno aluno, tenha fotografado Kertész em 1931, e hoje ainda vive (Mas onde? Como? Que romance!)"[22]. A fotografia de hoje, totalmente tomada pelo valor expositivo, mostra uma outra temporalidade. Está determinada pela *atualidade sem negatividade*, sem destino, que não admite nenhuma tensão narrativa, nenhuma dramaticidade de "romance". Sua expressão não é romântica.

Na sociedade expositiva cada sujeito é seu próprio objeto-propaganda; tudo se mensura

---

21. Op. cit., p. 93.

22. Op. cit., p. 93s.

em seu valor expositivo. A sociedade exposta é uma sociedade pornográfica; tudo está voltado para fora, desvelado, despido, desnudo, exposto. O excesso de exposição transforma tudo em mercadoria que "está à mercê da corrosão imediata, sem qualquer mistério"[23]. A economia capitalista submete tudo à coação expositiva, é só à encenação expositiva que gera valor, deixando de lado todo e qualquer *crescimento próprio das coisas*. Ela não desaparece no escuro, mas na superiluminação: "consideradas do ponto de vista geral, as coisas visíveis não acabam no escuro ou no silêncio, mas se volatizam naquilo que é mais visível do que o mais visível: a obscenidade"[24].

O *porno* não aniquila apenas o *eros*, mas também o sexo. A exposição pornográfica não causa apenas uma alienação do prazer sexual, mas torna-o impossível; torna impossível *viver o prazer*. Assim, a sexualidade se dissolve na *performance* feminina do prazer e na visão

---

23. BAUDRILLARD, J. *Die fatalen Strategien*. Op. cit., p. 71.
24. Op. cit., p. 12.

de desempenho masculino; o prazer exposto, colocado sob holofotes, já não é prazer. A coação expositiva leva à alienação do próprio corpo, coisificado e transformado em objeto expositivo, que deve ser otimizado. Já não é possível *morar* nele, sendo necessário, então, *expô-lo e*, assim, *explorá-lo*. Exposição é exploração, e seu imperativo aniquila o próprio *morar*. Quando o próprio mundo se transforma em espaço de exposição, já não é possível o *habitar*, que cede lugar à propaganda, com o objetivo de incrementar o capital da atenção do público. Habitar significa originariamente "estar satisfeito, estar em paz, permanecer onde se está"[25]. A permanente coação por exposição e por desempenho ameaça a paz, fazendo também desaparecer totalmente a *coisa* no sentido heideggeriano. Ela não é passível de exposição, pois está plena de *valor cultual*.

Obscena é a hipervisibilidade, à qual falta qualquer traço de negatividade do oculto, do inacessível e do mistério. Obscenos são

---

25. HEIDEGGER, M. *Vorträge und Aufsätze*. Pfullingen, 1954, p. 149.

também os canais rasos da hipercomunicação, libertos de toda e qualquer negatividade da *alteridade*. Obscena é a coação de colocar tudo à mercê da comunicação ou da visibilidade. Obsceno é o pornográfico colocar corpo e alma sob foco da visão.

O valor expositivo depende sobretudo da bela aparência. Assim, a coação por exposição gera uma coação por beleza e por *fitness*; a "operação beleza" tem como objetivo maximizar o valor expositivo. Nesse sentido, os *paradigmas* atuais não transmitem qualquer valor interior, mas medidas exteriores, às quais se procura corresponder, mesmo que às vezes seja necessário lançar mão de recursos violentos. O imperativo expositivo leva a uma absolutização do visível e do exterior. O invisível não existe, pois não possui valor expositivo algum, não chama a atenção.

A coação por exposição explora o visível. A seu modo, a superfície brilhante é transparente, não tendo necessidade de sofrer qualquer outro *questionamento* e não possuindo estrutura hermenêutica profunda. Também a *face* é um rosto que se tornou transparente, que anela pela otimização do valor expositivo. A coação por exposição nos rouba, em última instância, nossa própria face; já não é possível *ser* sua própria face. Desse modo, a absolutização do valor expositivo se expressa como tirania da visibilidade. O problemático não é o aumento das imagens em si, mas a *coação icônica* para tornar-se *imagem*. Tudo deve tornar-se visível; o imperativo da transparência coloca em suspeita tudo o que não se submete à visibilidade. E é nisso que está seu poder e sua violência.

Hoje, a comunicação visual se realiza como contágio, ab-reação ou reflexo. Falta-lhe qualquer *reflexão* estética. Sua estetização é, em última instância, anestésica. Por exemplo, para o julgamento de gostar – *I like* (eu gosto) – não se faz necessário qualquer consideração mais vagarosa. As imagens preenchidas pelo valor expositivo não demonstram qualquer complexidade; são univocamente claras, i. é, pornográficas. Falta-lhes qualquer tipo de fragilidade que pudesse desencadear uma reflexão, um reconsiderar, um repensar. A complexidade retarda a velocidade da comunicação, e a hipercomunicação anestésica, para acelerar-se, reduz a complexidade. Ela é essencialmente mais rápida do que a comunicação sensorial; os sentidos são *morosos*, sendo um empecilho para o circuito veloz da informação e da comunicação. Assim, a transparência caminha passo a passo com um *vazio de sentido*. A massa de informações e de comunicação surge de um *horror vacui*.

Na sociedade da transparência, toda e qualquer distância se mostra como negatividade, devendo ser eliminada, pois impõe um empecilho ao aceleramento do circuito da comunicação e do capital. Por isso, a partir de sua lógica interna, a sociedade da transparência elimina toda e qualquer forma de distância. A transparência é, em última instância, a "total promiscuidade do olhar com aquilo que ele vê"; a saber, a "prostituição"[26]; ela se expõe às irradiações permanentes das coisas e das imagens. A falta de distância tor-

---

26. BAUDRILLARD, J. *Die fatalen Strategien*. Op. cit., p. 71.

na a percepção tátil e palpável, sendo que a taticidade significa um contato sem toque, um "entrechoque de olho e imagem" pele a pele[27]. Por falta de distância, não há consideração ou *contemplação* estética, não sendo possível demorar-se junto à imagem. A percepção tátil é o fim da distância estética do olhar, sim, o *fim do olhar*. Por isso, a falta de distância não é a *proximidade*; ao contrário, ela a aniquila. A proximidade é *rica de espaço*, enquanto que a falta de distância a aniquila. À proximidade está inscrita uma lonjura, sendo ampla e vasta. É por isso que Heidegger fala de uma "proximidade pura que sustenta a lonjura"[28]. Mas a "dor da proximidade da distância"[29] é uma negatividade que pretendem eliminar. A transparência *dis-tancia* tudo num afastamento uniforme, que não é distante nem próximo.

---

27. BAUDRILLARD, J. *Transparenz des Bösen*. Berlim, 1992, p. 64.

28. HEIDEGGER, M. *Erläuterungen zu Hölderlins Dichtung*. Frankfurt a. M., 1981, p. 146 [Gesamtausgabe, vol. 3].

29. HEIDEGGER, M. *Vorträge und Aufsätze*. Op. cit., p. 108.

3
Sociedade da evidência

A sociedade da transparência é inimiga do prazer. Dentro da economia do prazer humano, prazer e transparência não conseguem conviver; a transparência é estranha à economia libidinosa, pois é precisamente a negatividade do mistério, do véu e da ocultação que aguilhoa o desejo e intensifica o prazer. Mas o sedutor *joga* com máscaras, ilusões e formas de aparência, e a coação da transparência aniquila espaços de jogo do prazer; a evidência não admite sedutor, mas apenas procedimentos. O sedutor traça caminhos que são contornáveis, cheios de encruzilhadas e tortuosos. Ele implanta sinais ambíguos: "A sedução apoia-se às vezes em códigos ambíguos, o que transforma o sedutor, prototípico da cultura ocidental, em representante exemplar de uma determinada forma de liberdade da moral. Os sedutores se servem de um linguajar ambíguo, pois não se sentem presos às normas da seriedade e da simetria. Suas práticas 'politicamente corretas', ao contrário, exigem transparência e recusa da ambiguidade para assegurarem o máximo possível de liberdade e igualdade, e assim fazer tombar no vazio o nimbos tradicional retórico e emocional da sedução"[30]. O jogo com ambiguidade e ambivalência, com mistério e enigma eleva a tensão erótica, e, assim, a transparência ou a univocidade levaria ao fim do *eros*. Não é por acaso que a sociedade da transparência é hoje, igualmente, sociedade pornográfica. Também a práxis da *post-privacy*, que em nome da transparência exige um mútuo desnudamento ilimitado, é totalmente prejudicial ao prazer.

Segundo Simmel, não só estamos "de tal modo direcionados e precisamos de uma certa proporção de verdade e erro como base de nossa vida, como também dependemos da

---

30. ILLOUZ, E. *Warum Liebe weh tut* – Eine soziologische Erklärung. Berlim, 2011, p. 345s.

clareza e obscuridade na imagem de nossos elementos vitais"[31]. Com base nisso, a transparência retira das coisas todo e qualquer atrativo, "proibindo à fantasia tecer suas possibilidades, para cuja perda não há realidade que possa nos compensar, pois é propriamente *independência* que, com o passar do tempo, não pode ser substituída por nada que se receba ou se frua". Simmel continua dizendo "que, para nós, uma parte da pessoa que nos é próxima – para que seu atrativo continue sendo algo elevado – deve permanecer na forma da não clareza e intransparência"[32]. A fantasia é essencial para a economia do prazer. Um objeto apresentado desvelado desliga essa economia, e somente um recuo e uma retirada do objeto podem acendê-la novamente. O que aprofunda o prazer não é a fruição em tempo real, mas um jogo imaginativo prévio e posterior, o adiamento temporal. Uma fruição imediata que

---

31. SIMMEL, G. *Soziologie* – Untersuchungen über die Formen der Vergesellschaftung. Op. cit., p. 404.

32. Op. cit., p. 405.

não permite qualquer contorno imaginativo ou narrativo é pornográfica. Também a supernitidez hiper-real e a supranitidez das imagens mediáticas paralisam e sufocam a fantasia. Segundo Kant, a força da imaginação reside no jogo. Ela pressupõe espaços de jogo no qual nada está definido de antemão e onde não há contornos claramente delineados, necessitando de imprecisão e falta de clareza. Não é transparente para si mesma, ao passo que a autotransparência é que caracteriza o entendimento. Este não *joga*, mas *trabalha* com conceitos claros e unívocos.

Em "Comunidade vindoura", Giorgio Agamben aponta para o mistério do reino do Messias, que certa noite Benjamin narrou a Ernst Bloch: "Um rabi, um rabi verdadeiramente cabalístico, disse certa vez que para edificar o reino da paz não se deveria destruir todas as coisas e começar um mundo totalmente novo; mas essa xícara ou aquele arbusto ou aquela pedra, e assim todas as coisas, devem ser deslocadas um pouco. Mas visto que esse pouco é tão difícil de ser feito e é tão penoso encontrar a sua medida, aquilo que condiz ao mundo não são os homens que poderão encontrar, mas é para isso que vem o Messias"[33]. As coisas são deslocadas apenas um pouquinho para poder edificar o reino da paz. Essa modificação mínima, observa Agamben, não acontece nas próprias coisas, mas nas suas "redondezas". Ela lhes concede um clarão (*clarior*) misterioso. Essa "auréola" surge através de um "tremer", por um "cintilar" em seus contornos[34]. Assim, continuando o pensamento de Agamben, esse tremer suave provoca um devir obscuro, que envolve a coisa a partir de seus contornos com um brilho misterioso. O sagrado não é transparente; ao contrário, ele é caracterizado por uma imprecisão misteriosa. O *reino vindouro da paz* não irá se chamar sociedade da transparência, pois a transparência não é um *estado de paz*.

Como o espaço do sagrado, o do desejo também não é transparente; eles são "curvos";

---

33. AGAMBEN, G. *Die kommende Gemeinschaft*. Berlim, 2003, p. 51.

34. Op. cit., p. 53.

"a amada [*frouwe**] só pode ser conquistada indiretamente, só por caminhos tortuosos, meândricos"[35]. A *frouwe*, o objeto de desejo do amor cavalheiresco, é um "buraco negro" em torno do qual vai se adensando o desejo. Segundo Jacques Lacan, é "introduzido pela porta estranha de um retiro, de uma inacessibilidade"[36]. Lacan compara-o com a "figura não decifrável" da Anamorfose, na qual o conteúdo da imagem só aparece desfigurado, deformado[37]. É qualquer outra coisa menos *evidente* (lat. *videre* = ver). Segundo Lacan, o amor cavalheiresco é "anamorfótico"[38]. Seu objeto é uma anamorfose também na perspectiva temporal, pois o objeto "só pode ser alcançado por meio de um adiamento infinito"[39].

---

* Palavra do médio-alto alemão, para *Frau* (mulher). Significa a dama, objeto de amor e reverência das cantigas de gesta e da dedicação dos cantadores de gesta medievais [N.T.].

35. ŽIŽEK, S. *Metastasen des Begehrens* – Sechs erotisch-politische Versuche. Viena, 1996, p. 50.

36. LACAN, J. *Seminar 7* – Die Ethik der Psychoanalyse. Weinheim/Berlim, 1996, p. 183.

37. Ibid., p. 166.

38. Ibid., p. 171.

39. ŽIŽEK, S. *Metastasen des Begehrens*. Op. cit., p. 51.

Lacan também o chama de a "coisa" (*das Ding*) da qual não é possível fazer qualquer *imagem* em virtude de sua impenetrabilidade e ocultamento. Foge a qualquer representação; "o que está ali é *a coisa*, esse é o real mistério"[40].

A transparência é um estado de simetria. Assim, a sociedade da transparência busca eliminar todas as relações assimétricas. Entre elas está o poder que, em si, não é diabólico; em muitos casos ele é produtivo e promotor. Ele gera um espaço livre e um espaço de jogo para a configuração *política* da sociedade. Em grande parte o poder também participa da produção do prazer, pois a economia libidinosa segue uma lógica de poder econômico. Também à pergunta Por que o homem tende a exercer o poder?, Foucault responde indicando para a economia do prazer, ou seja, quanto mais livres forem as pessoas em suas relações maior será seu prazer em determinar o comportamento dos outros. O prazer será tanto maior quanto mais diversificados forem os modos de jogo pelos quais se dirige o com-

---

40. LACAN, J. *Seminar 7*. Op. cit., p. 59.

portamento dos outros. Aos jogos estratégicos pertence grande parte de intransparência e imprevisibilidade. Por também ser um jogo estratégico, o poder joga em espaço *aberto*: "poder significa jogos estratégicos. Sabe-se muito bem que o poder não é o mal. Vamos tomar, por exemplo, as relações sexuais ou de amor: exercer poder sobre o outro em uma espécie de jogo estratégico aberto em que as coisas podem se inverter não é algo ruim, faz parte do amor, da paixão, do prazer sexual"[41].

Aquele "prazer" nietzscheano, que busca "eternidade", tem origem *medieval*. Nietzsche dizia que não nos afastamos de Deus enquanto acreditamos na transparência. Contra o olhar intruso, contra a tendência de tornar tudo genericamente visível, Nietzsche defende a aparência, a máscara, o mistério, o enigma, o embuste e o jogo. "Tudo o que é profundo ama a máscara; as coisas mais profundas inclusive guardam ódio da imagem e da comparação

---

41. FOUCAULT, M. *Freiheit und Selbstsorge* – Interview 1984 und Vorlesung 1982. Frankfurt a. M. 1985, p. 25s. [Ed. de H. Becker et al.].

[...]. Há ações de amor e de orgulho dissoluto às quais seria mais aconselhável tomar um bastão e bastonar as testemunhas [...]; não é um ardil por trás de uma máscara – há tantos bens na astúcia. [...] Todo espírito profundo precisa de uma máscara; mais ainda, em torno de todo espírito profundo cresce constantemente uma máscara [...]"[42]. O espírito profundo surge protegido por uma máscara, e ela cresce ao seu redor como pele protetora. O *totalmente outro*, o *novo*, só medra por trás de uma máscara, que o protege contra o *igual*. E astúcia não é igual a ardil; ela é mais eficiente e menos violenta do que a ação guiada pelo imperativo categórico. Assim escreve Nietzsche: "Astúcia, melhor que violência"[43]. Ela é mais maleável, mais flexível na medida em que *olha ao redor de si* e haure esgotando o respectivo *potencial da situação*. Assim, ela tem melhores olhos do que os do imperativo categórico, que deve sua

---

42. NIETZSCHE, F. *Jenseits von Gut und Böse*. Op. cit., p. 54.

43. NIETZSCHE, F. *Nachgelassene Fragmente* – Juli 1882 bis Winter 1883-1884. Berlim, 1977, p. 513 [Kritische Gesamtausgabe, VII.1].

transparência à sua rigidez. A violência está mais próxima da verdade do que a astúcia; ela gera mais "evidência". Aqui, Nietzsche conjura uma forma de vida *mais livre*, que não seria possível em uma sociedade de total iluminação e de controle. É livre também no sentido de que não permite ser determinada pelo pensamento contratual, não se baseando na simetria, na igualdade nem na economia de troca.

Não é raro o surgimento do fascínio diante do mistério e do obscuro. Segundo Agostinho, Deus teria colocado metáforas e obscurecido a Sagrada Escritura intencionalmente para gerar maior prazer: "Essas coisas são recobertas com um manto figurativo para que mantenham o exercício compreensivo da reflexão fiel da pessoa que as escrutina e não pareçam sem valor, se forem apresentadas desnudas (*nuda*) e abertas (*prompta*). Mesmo assim, aquilo que em outros lugares é dito de forma aberta e manifesta (*manifeste*), de modo que se pode absorvê-lo com facilidade, renovado de certo modo em nosso conhecimento, e assim renovado, tem um sabor doce (*dulcescunt*) quando se arrebatam essas mesmas coisas do oculto. Assim, se ele se apresenta encoberto (*obscurantur*), isso não ocorre como desvantagem aos que querem aprender, mas é exposto ainda mais para que a pessoa se veja mais inflamada quando, por assim dizer, o que investiga se retira e se encontra aquilo que se busca, então, com tanto mais alegria"[44]. O manto figurativo erotiza a palavra, elevando-a a um objeto de desejo, pois ela tem um efeito sedutor quando é apresentada recoberta. Nesse sentido, a negatividade da ocultação transforma a hermenêutica em erotismo; já a descoberta e o decifrar se desvelam prazerosamente. Ao contrário, a informação é *desnuda*; a nudez da palavra retira-lhe todo e qualquer encanto, nivelando-a.

A hermética do mistério não é algo *diabólico* que deva ser afastado a qualquer custo em nome da transparência. É uma simbologia, uma técnica cultural específica que gera profundidade, mesmo em sua aparência.

---

44. AGOSTINHO. *Die Lüge und Gegen die Lüge*. Würzburg, 1986 [apud ANDREE, M. *Archäologie der Medienwirkung*. Munique, 2005, p. 189].

4
Sociedade pornográfica

A transparência não é o *medium* do belo. Segundo Benjamin, "para a beleza é indispensável uma interligação indissolúvel entre velamento e velado; pois nem o véu nem o objeto velado são o belo, mas objetos em seu véu. Mas, desvelados, iriam se mostrar infinitamente invisíveis. [...] Não se deve, portanto, designar diferentemente aquele objeto ao qual é essencial ser recoberto por um véu. E uma vez que só o belo e fora dele nada mais pode ser essencialmente velante e velado, o fundamento divino ontológico da beleza repousa no mistério"[45]. A beleza não é passível de ser desvelada na medida em que está necessariamente ligada ao véu

---

45. BENJAMIN, W. *Goethes Wahlverwandtschaften*. Gesammelte Schriften, vol. 1.1, p. 195.

e ao velamento. O que é velado só permanece igual a si mesmo sob o velamento, e o desvelamento faz desaparecer o velado. Assim, não existe beleza desnuda: "Na nudez sem véus o essencialmente belo é evitado, e no corpo desnudo do ser humano alcança-se um ser acima de toda beleza – o sublime é uma obra acima de todas as imagens –, o ser do criador"[46]. *Bela* pode ser apenas uma forma ou uma configuração; mas *sublime*, ao contrário, é a nudez sem forma e sem imagem à qual já não adere o mistério como constitutivo da beleza. O sublime vai além do belo, já a nudez *da criatura* pode ser qualquer coisa, menos pornográfica; ela é *sublime* e remete para a obra do Criador. Também para Kant, um objeto é sublime quando supera toda e qualquer representação, toda e qualquer substituição. O sublime vai muito além da força da imaginação.

Na tradição cristã, a nudez traz uma "*signatura* teológica indissolúvel"[47]. Segundo Agamben, antes do pecado original Adão e Eva não

---

46. Ibid., p. 196.

47. AGAMBEN, G. *Nacktheiten*. Frankfurt a. M. 2010, p. 97.

estavam nus, mas revestidos de uma "veste da graça", de uma "veste de luz"[48]. O pecado os arrancou das vestes divinas, e totalmente expostos eles se viram obrigados a recobrir-se. Assim, a nudez significa a perda das vestes da graça. Agamben faz a tentativa de pensar uma nudez liberta do dispositivo teológico; ele amplia o sublime do corpo nu em Benjamin até o nível do pornográfico. Sobre um modelo de nudez semipornográfico ele observa: "Um belo rosto que, sorrindo, mostra sua nudez significa uma única coisa: 'Você gostaria de experimentar meu mistério? Você gostaria de ver claramente além do meu véu? Então, vamos lá, olhe se for capaz, contemple essa ausência de mistério completa e indesculpável!' [...] E, no entanto, são esse desencantamento da beleza pela nudez e essa sublime e miserável exposição do brilho sem mistério e sem significado que estão destinados a dar mais precisão ao dispositivo teológico [...]"[49]. Certamente, o

---

48. Ibid., p. 98.
49. Ibid., p. 148s.

corpo nu exposto à visão pornográfica é "miserável", mas não "sublime". Ao sublime, que Benjamin contrapõe o brilho belo, falta todo e qualquer valor expositivo, pois é precisamente a exposição que destrói a sublimidade da criatura. O sublime gera um valor cultual; já o rosto exposto pornograficamente, que "flerta" com o contraposto, pode ser qualquer outra coisa, menos sublime[50].

A contraposição entre dispositivo e nudez livre, de Agamben, não é dialética. Violência e poder não são apenas um dispositivo que força e impinge uma função, uma máscara, uma expressão ao rosto, mas também a nudez sem forma, pornográfica. O corpo que se torna *carne* não é sublime, mas obsceno. A nudez pornográfica se avizinha daquela obscenidade da carne que, como observa o próprio Agamben, é resultado da violência: "É por isso que o sadista usa de todos os recursos possíveis

---

50. Cf. ibid., p. 147: "O semblante que se tornou cúmplice da nudez, que olha para o objetivo ou que filtra através do observador, apresenta-se em todo seu desnudamento do mistério; nada mais expressa do que o próprio colocar-se sob os holofotes, transformando-se em mero ser exposto".

para fazer com que a carne se manifeste, para fazer com que o corpo do outro assuma violentamente tais posturas e posicionamentos que escancarem sua obscenidade, i. e., manifestem sua perda irrecuperável da graça e do charme"[51].

As vítimas da nudez pornográfica citada por Agamben são, acima de tudo, a graça e o charme. Em virtude de sua origem teológica, parece-lhe que a graça e o charme (*Anmut – grâce*) seriam suspeitos, pois se avizinham da graça divina (*Gnade*). Agamben apoia-se na tese sartreana de que o corpo deve sua graça e charme a um movimento teleológico, que o torna um instrumento. Mas, pela sua fixação em uma meta, nenhum instrumento pode ser gracioso; ele procura alcançar e estende sua mão para seu objetivo, *sem rodeios*. Mas na graça e no charme, ao contrário, inabita algo *curvo* e *contornável*. Pressupõe-se um *jogo livre* de gestos e formas que, por sua vez, *coloca em jogo* algo como uma ação, que se retrai da

---

51. Op. cit., p. 127.

economia do objetivo. Assim, a graça e o charme fixaram morada *entre* a ação teleológica e a nudez obscena. Agamben não consegue captar esse *entre gracioso*. Também o colocar-se sob os holofotes faz desaparecer a graça e o charme. No "Teatro de marionetes", de Kleist, o jovem perde sua graça justo no momento em que se posta diante do espelho e visualiza propriamente seu movimento. Aqui o espelho desdobra o mesmo efeito que o objetivo no qual a apresentação pornográfica de Agamben mira atrevidamente para dentro e nada mais expressa que seu próprio expor-se[52].

Agamben considera a exposição como uma possibilidade privilegiada de fazer surgir aquela nudez liberta do dispositivo teológico e,

---

52. Cf. KLEIST, H. *Über das Marionettentheater*: "Os movimentos que ele fez tinham um elemento tão cômico, que tive dificuldades de conter o riso: A partir desses dias, de certo modo a partir desse momento, começou a acontecer uma mudança incompreensível naquele jovem. Ele passou a ficar vários dias diante do espelho, abandonando-se a um estímulo atrás do outro. Parece que se estabeleceu um poder invisível e inconcebível, como uma rede de aço em torno de seus gestos, e depois de um ano já não era possível descobrir nele qualquer traço de amabilidade que provocasse encanto aos olhos dos que estavam ao seu redor".

assim "profanada", tem acesso a um novo uso. O rosto desprovido de mistério, que assim se expõe, nada mais demonstra que o mostrar-se. Por assim dizer, tornou-se transparente. Agamben vê nisso um atrativo específico, uma "magia especial", que "parte do puro valor expositivo"[53]. A exposição esvazia o rosto e o transforma em lugar *pré-expressivo*. Dessa prática da exposição esvaziadora, Agamben espera uma nova forma de comunicação erótica: "É uma experiência geral conhecida que o rosto de uma mulher perde sua expressão tão logo percebe que é observada. A consciência de estar exposto a um olhar cria, portanto, um vazio, atuando como desencadeador violento de processos de expressão, que ademais vivificam o rosto. É a mais descarada indiferença que têm de aprender, antes de qualquer outra coisa, os modelos e estrelas pornôs e outros profissionais da exposição; a saber, não mostrar nada mais do que o mostrar (ou seja, sua absoluta integração midiática). Desse modo,

---

53. AGAMBEN, G. *Nacktheiten*. Op. cit., p. 144.

o rosto carrega-se de valor expositivo até empanturrar-se. Mas justamente através desse aniquilar da expressão, o erotismo penetra até lá onde ele propriamente não poderia se encontrar; a saber, no rosto humano [...]. Exposto como puro meio além de qualquer expressividade concreta, torna-se disponível para um novo uso, para uma nova forma de comunicação erótica"[54]. Aqui também se coloca a questão se o rosto sobrecarregado com o valor expositivo de fato está em condições de abrir um "novo uso coletivo da sexualidade", uma "nova forma de comunicação erótica". Agamben observa que essa nudez, liberta de toda e qualquer *signatura* teológica, alberga em si um "potencial profanador" que é aniquilado pelo "mecanismo da pornografia". Contrariamente ao que pensa Agamben, a pornografia não bloqueia um novo uso da sexualidade *apenas posteriormente*. O rosto que se tornou cúmplice da nudez já passou a ser pornográfico; em sua exposição, o único conteúdo desse rosto

---

54. AGAMBEN, G. *Profanierungen*. Frankfurt a. M., 2005, p. 89.

consiste em expor a consciência desavergonhada de o corpo nu ser colocado sob o holofote. Obsceno é o rosto desnudo, sem mistério, tornado transparente e reduzido à sua exposição. Pornográfica é a *face* que se sobrecarrega até empanturrar-se de valor expositivo.

Agamben não reconhece que a *exposição em si* já é pornográfica. O capitalismo acentua a pornografização da sociedade, expondo tudo como mercadoria e votando-o à hipervisibilidade. O que se busca é a otimização do valor expositivo, sendo que o capitalismo não conhece nenhum outro uso da sexualidade. Justamente nas imagens pornográficas de propaganda se realiza o "uso coletivo da sexualidade" exigido por Agamben. O "consumo solitário das imagens pornográficas" não é um mero "substitutivo" da promessa de um novo uso coletivo da sexualidade. Ao contrário, tanto o solitário quanto o coletivo fazem o *mesmo uso* das imagens pornográficas.

O que escapa à compreensão de Agamben é precisamente a diferença essencial entre erótico e pornográfico. A exposição direta da nudez não é erótica. O lugar erótico de um corpo está precisamente ali "onde se bifurca ou se separa a veste"; a pele que "brilha entre duas bainhas", por exemplo, entre a luva e a manga. A tensão erótica não surge da permanente exposição da nudez, mas da "encenação de um focar e desfocar"[55], como também a *negatividade* da "interrupção", que concede brilho à nudez. Já a positividade da exposição da nudez desvelada é pornográfica, pois falta-lhe o brilho erótico. O corpo pornográfico é *raso*, não é *interrompido* por nada. A interrupção cria uma ambivalência, uma ambiguidade. Essa *imprecisão semântica* é erótica. Assim, o erótico pressupõe a negatividade do mistério e do ocultamento. Não existe erotismo da transparência. É precisamente onde desaparece o mistério em prol da exposição e do desnudamento total que começa a pornografia. Ela é marcada por uma positividade penetrante, incisiva.

Em todo mistério Agamben supõe haver uma *signatura* teológica que deve ser "profanada", sendo que a profanação tem de produzir

---

55. BARTHES, R. *Die Lust am Text*. Frankfurt a. M. 1982, p. 16s.

uma beleza misteriosa, uma nudez "para além do prestígio da graça e da atração da natureza corrompida. "Mas por trás do véu obscuro não se esconde mistério algum: o desnudo mostra-se como pura aparência. [...] nesse sentido, o mote da nudez reza simplesmente: *haecce!* – isso, e nada mais do que isso"[56]. Porém, não existe um *mote do erótico*, o erótico esquiva-se do "*haecce!*" A *evidência* sem mistério do "isso, e nada mais do que isso' é pornográfica. Ao erótico falta a univocidade do *deíctico*. Segundo Baudrillard, a força erótica sedutora joga "com a intuição daquilo que, em si mesmo, deve permanecer um permanente mistério para o outro, com aquilo que eu jamais saberei dele e que, mesmo assim, me atrai sob o selo do mistério"[57]. O pornográfico não é atrativo nem alusivo, mas contagiante e *infectivo*; falta-lhe a distância na qual se torna possível a sedução, pois pertence à atração erótica, necessariamente, a negatividade do *retraimento*.

---

56. AGAMBEN, G. *Nacktheiten*. Op. cit., p. 148.

57. BAUDRILLARD, J. *Transparenz des Bösen*. Op. cit., p. 191.

Barthes distingue dois elementos da fotografia. O primeiro elemento ele chama de *studium*. Aplica-se ao campo extenso das informações que devem ser estudadas e ao "campo dos desejos descuidados do interesse sem objetivo, da propensão inconsequente: *eu gosto / eu não gosto (I like / I don't*"[58]. Pertence ao gênero do *to like*, e não do *to love*. Sua forma de juízo é *me agrada / não me agrada*. Falta-lhe toda e qualquer ferocidade ou paixão. O segundo elemento é o *punctum*, que interrompe o *studium*. Ele não causa prazer algum, mas ferimento, ataque, atingimento. Falta às fotografias uniformes o *punctum*, elas não passam de objeto de *studium*: "fotos de reportagem são, muitas vezes, fotografias uniformes (a foto uniforme não é necessariamente pacífica). Nessas imagens não existe *punctum* algum; talvez haja choque – o literal pode traumatizar –, mas não há atingimento; a foto pode ser 'gritante', mas não fere. Essas fotos de reportagem são registradas (com um olhar); não mais do que isso"[59]. O *punc-*

---

58. BARTHES, R. *Die helle Kammer*. Op. cit., p. 36.

59. Ibid., p. 51.

tum interrompe o contínuo das informações; mostra-se como um rasgo, como uma *fissura*. Sendo um lugar de extrema intensidade e condensação, onde inabita *algo de indefinível*, faltam-lhe qualquer transparência e evidência que caracterizam o *studium*: "A incapacidade para nomear alguma coisa é um sinal seguro de inquietação interior [...]. O efeito está ali, mas não pode ser localizado; ele não encontra seu símbolo nem seu nome. É penetrante e, mesmo assim, demora-se em uma zona indeterminada do meu eu [...]"[60].

Dentre as fotografias uniformes, Barthes também lista as imagens pornográficas. Elas são rasas, transparentes e não apresentam qualquer ruptura nem ambiguidade. Porém, os traços e a fragmentação interna são caracterizações do erótico; ele não é raso nem transparente, mas a foto erótica é uma imagem "interrompida, rachada"[61]. Nas imagens pornográficas tudo está voltado e exposto para fora; a pornografia não tem interioridade, guarida,

---

60. Ibid., p. 60s.
61. Ibid., p. 51.

mistério. "Como uma vitrine, onde se mostra uma única peça decorativa, iluminada, ela se volta completamente para a exposição de uma única coisa: o sexo; jamais um outro elemento que pudesse ser tema de encobrimento, retardo ou desvio"[62]. Obscena é a transparência que nada encobre, nada esconde, colocando tudo à vista. Atualmente as imagens midiáticas são mais ou menos pornográficas. Em virtude de sua característica de chamar a atenção, falta-lhes *punctum*, intensidade semiótica. Elas nada têm que pudesse tocar ou ferir; no máximo, apresentam o objeto que diz *me agrada / I like*.

De acordo com Barthes, as imagens cinematográficas não têm *punctum*, que estaria ligado a um demorar-se contemplativo: "Frente à tela não posso me dar ao luxo de fechar os olhos; pois, quando voltasse a abri-los, já não encontraria mais a mesma imagem [...]"[63]. O *punctum* só se abre à contemplação que se

---

62. Ibid.

63. Ibid., p. 65.

demora junto à coisa, à observação contemplativa. Mas, segundo Barthes, as imagens que se seguem umas às outras, ao contrário, forçam o observador a uma "constante voracidade". O *punctum* se retrai ao olhar consumista, ao olhar voraz, no qual não habita um mínimo de *reflexividade*[64]. Muitas vezes não se manifesta logo, mas só posteriormente, num demorar-se recordativo. Não é de se admirar, portanto, que, muitas vezes, por mais clareza que apresente, o *punctum* se manifeste só posteriormente, quando já não tenho mais a foto sob o meu olhar, e volto a pensar nela. Pode acontecer de eu conhecer melhor uma foto da qual eu me recordo do que uma foto que tenho diante dos olhos [...]. Então, compreenderei que, por mais imediato e incisivo que ela tenha se mostrado, só consegui seguir os vestígios do *punctum* depois de uma certa latência (mas jamais com auxílio de alguma investigação precisa)"[65]. A "música" só surgiria

---

64. Ibid., p. 66.
65. Ibid., p. 62.

"ao fechar os olhos". Assim, Barthes cita Kafka: "Fotografam-se coisas para afugentá-las do sentido. Minhas histórias são uma espécie de fechar os olhos"[66]. A música surge apenas de uma distância contemplativa em relação à imagem. Ao contrário, ela emudece onde se fecha o circuito do contato imediato do olho com a imagem, pois a transparência não tem música. Barthes observa, inclusive, que a fotografia "tem de ser silenciosa". Somente no "preocupar-se com o silêncio" que a fotografia revela seu *punctum*. É um *lugar do silêncio*, que possibilita um demorar-se contemplativo. Mas frente às imagens pornográficas, ao contrário, as pessoas não se detêm nem demoram. Essas imagens são estridentes, agudas, porque estão *expostas*; falta-lhes, inclusive, a amplidão temporal. Elas não admitem qualquer recordação, servindo apenas para excitação e satisfação imediata.

O *studium* é uma leitura. A partir dele "eu me interesso por muitas fotografias, seja

---

66. Ibid., p. 65.

porque as tomo como testemunhas de acontecimentos políticos, seja porque as considero como imagens visíveis da história; pois, enquanto pertencente a uma cultura (essa conotação está contida na palavra *studium*), participo nas figuras, nos gestos, nas mímicas, nas formas exteriores, nas ações"[67]. Se a cultura consistisse de figuras, gestuais, mímicas, narrações e ações especiais, então, o processo de pornografização do visual hoje se realizaria como uma *desculturalização*. As imagens pornográficas, desculturalizadas, não apresentam nada que possa ser lido. Enquanto imagens de propaganda, sua atuação é direta, táctil, infectiva. São pós-hermenêuticas. Elas não guardam aquela distância em que se torna possível um *studium*. Seu modo de atuação não é a leitura, mas a contaminação. Tampouco, mora em seu interior qualquer *punctum*. Elas se esvaziam em *espetáculo*; a sociedade pornográfica é uma sociedade do *espetáculo*.

---

67. Ibid., p. 35.

5
Sociedade da aceleração

Segundo Sartre, o corpo se torna obsceno quando é reduzido a mera faticidade da carne. Obsceno é o corpo sem referência, que não está direcionado, que não está *em ação* ou *em situação*. Obscenos são os movimentos do corpo que são excessivamente numerosos e sobrantes. A Teoria da Obscenidade de Sartre pode ser aplicada muito bem ao corpo da sociedade, em seus processos e movimentos. Tornam-se obscenos quando são privados de toda narratividade, de todo direcionamento, de todo sentido. Sua quantidade excessiva e sua sobranceria se expressam, então, como adiposidade, massificação, proliferação massiva. Eles proliferam e crescem sem objetivo, sem forma, e nisso é que reside sua obscenidade. Obscenas são a hiperatividade, a hiperprodução e a hipercomunicação, que se lançam velozmente para além da meta. Obscena é essa hiperaceleração, que já não é realmente *movente* e tampouco nada leva *adiante*. Em seu excesso, lança-se para além de seu *para onde*. Obsceno é esse *puro* movimento que se acelera por causa de si mesmo: "O movimento desaparece menos na imobilidade do que na velocidade e no aceleramento; ele se dissolve naquilo que é mais móvel do que o movimento, e, se puder assim dizer, naquilo que impinge o movimento ao extremo, roubando-lhe a direção"[68].

A adição é mais transparente do que a narração. Só se pode acelerar um processo que é *aditivo*, e não um processo que é *narrativo*. Totalmente transparente é apenas a operação de um processador, porque seu curso é puramente aditivo. Rituais e cerimônias, ao contrário, são processos e acontecimentos narrativos, que se esquivam da aceleração. Seria um sacrilégio querer acelerar uma ação sacrificial, pois rituais e cerimônias têm seu tempo, ritmo e

---

68. BAUDRILLARD, J. *Die fatalen Strategien*. Op. cit., p. 12.

cadência específicos. A sociedade da transparência elimina todos os rituais e cerimônias, visto que esses não podem ser operacionalizados, pois são impeditivos e atrapalham a aceleração da circulação da informação, da comunicação e da produção.

Contrariamente ao calcular, o pensar não é transparente; ele não segue o curso que calcula um asseguramento prévio, mas se lança no aberto. De acordo com Hegel, no pensar habita uma negatividade que lhe permite *fazer experiências transformadoras*. A negatividade do *tornar-se outro* é constitutiva para o pensar, e nisso reside sua diferença do cálculo, que permanece sempre igual. Essa igualdade é a condição de possibilidade da aceleração. Já a negatividade não apenas cunha experiência, como também o conhecimento. Um único conhecimento pode *colocar em questão e transformar* tudo o que já existe *em sua totalidade*, mas a informação não tem essa negatividade. A experiência também tem *consequências*, fortalecendo a transformação, e nisso ela se distingue da vivência, que deixa intacto aquilo que já existe.

A falta de narratividade é o que distingue o processador e a procissão, que é um evento narrativo. Contrariamente ao processador, ela tem um firme direcionamento. Por isso, ela pode ser qualquer outra coisa, menos obscena. Tanto o processador quanto a procissão remontam ao verbo latino *procedere*, que significa "avançar". A procissão está tensionada dentro de uma narrativa, concedendo-lhe uma tensão narrativa.

As procissões apresentam *cenicamente* uma passagem especial de uma narração. Em virtude de sua narratividade elas têm em seu bojo um *tempo próprio*. Por isso, não é possível e tampouco faz sentido acelerar seu *procedere*. A narração não é uma *adição*. Mas o *procedere* do processador está desprovido de qualquer narratividade. Seu fazer não tem *imagem*, não tem cenas. Contrariamente à procissão, ele nada narra; apenas *conta*.

Os números são desnudos. Também o *processo*, que remonta igualmente ao verbo latino *procedere*, em virtude de sua funcionalidade, é extremamente pobre em narratividade. E nisso ele se distingue do discurso narrativo, que precisa de uma *coreografia*, de uma *cenografia*. O processo com uma determinação funcional, ao contrário, é apenas um objeto de governo ou de administração. A sociedade se torna obscena quando "já não há mais cenas e tudo recebe uma transparência implacável"[69].

Em sua última etapa, as peregrinações e romarias acabam formando, via de regra, uma procissão. Em sentido estrito, a *conclusão* só pode dar-se em meio a uma narração. Em um mundo desprovido de narrativa e de ritual, o fim só pode ser visto como uma *ruptura* que dói e perturba. Somente no contexto de uma narração que o fim pode *ser visto* como conclusão. Sem uma aparência narrativa ele sempre será uma perda e uma falta absolutas. Mas o processador não conhece narração, por isso não é capaz de *conclusão*.

A peregrinação é um evento narrativo. Fundamentalmente, o caminho da peregrina-

---

69. Ibid., p. 81.

ção não é uma passagem que deva ser atravessada o mais rápido possível; ao contrário, trata-se de um caminho repleto de semântica. O estar a caminho é carregado de significados como penitência, cura e gratidão. Em virtude dessa narratividade, a peregrinação não pode ser acelerada. Além do mais, o caminho da peregrinação é uma passagem para um *lá*. Do ponto de vista do tempo, o peregrino está a caminho para um futuro no qual se espera encontrar cura, salvação. Nesse sentido, o peregrino não é um turista, que se mantém preso no presente, no aqui e agora. Ele não está *a caminho*, pois este não tem significação própria, não podendo ser visto. Ao turista, a riqueza semântica, a narratividade do caminho é algo estranho. Para ele, o caminho perde toda e qualquer força narrativa e de relato, transformando-se em corredor vazio. Esse empobrecimento semântico e essa falta de narratividade de espaço e tempo se tornam obscenos. Por outro lado, a negatividade em forma de empecilho ou de transição é constitutiva para a tensão narrativa. A coação por transparência derruba todas as cercas e umbrais, sendo que o espaço se torna transparente quando é nivelado, alisado e desinteriorizado. O espaço transparente é pobre em semântica, já os significados surgem apenas por meio de umbrais e passagens, de resistências.

Também a primeira experiência espacial na infância é uma experiência de umbral. Umbrais e passagens são zonas de mistério, de insegurança, de transformação, de morte, de medo, mas também de desejo, de esperança e de expectativa. É sua negatividade que perfaz a *topologia da paixão*.

A narração exerce uma seleção; o curso narrativo é estreito, só admite determinados acontecimentos. É por isso que ele impede a proliferação e a massificação do positivo. O excesso de positividade que hoje domina a sociedade é um indicativo de que esta foi privada de sua narratividade. Nesse processo a memória também foi atingida. Ela distingue-se do armazenador, que trabalha apenas adicionando e acumulando. Em virtude de sua historicidade, os traços da memória são submetidos a constantes reorganizações e redações[70]. Em contraposição a esses, os dados armazenados permanecem sempre *iguais*. "A memória de hoje se caracteriza por um amontoado de lixo e de dados em 'lojas de sucata' ou 'armazéns', entulhados de massas e de uma variedade de imagens possíveis e imagináveis, totalmente desorganizados, malconservados, cheios de símbolos desgastados"[71]. Nessas lojas de sucata as coisas simplesmente estão ao lado de outras, sem qualquer organização. Por isso, falta-lhes história, não podendo recordar de si mesmas nem de si se esquecer.

A coação por transparência aniquila o odor das coisas, o perfume do tempo; a transparên-

---

70. Em carta, Freud escreve a Wilhelm Fliess: "Você sabe que eu trabalho com a hipótese de que nosso mecanismo psíquico surgiu de um processo de estratificação crescente. De tempos em tempos, o material nele existente, formado de vestígios de recordações, experimenta reorganizações em vista de novas relações, uma espécie de transcrição. O que há de essencialmente novo em minha teoria, portanto, é a afirmação de que a memória não está simplesmente presente de forma simples, mas é sedimentada em diversos tipos de símbolos" (FREUD, S. *Briefe an Wilhelm Flies*, 1887-1904. Frankfurt a. M., 1986, p. 173) [Ed. de J.M. Masson]).

71. VIRILIO, P. *Information und Apokalypse* – Die Strategie der Täuschung. Munique, 2000, p. 39.

cia não tem perfume. A comunicação transparente, que já não admite nada indefinido, é obscena. Também são obscenas a reação e a ab-reação imediatas. Para Proust, "o gozo imediato" não está apto para o belo. A beleza de uma coisa aparece "só bem mais tarde", na luz de uma outra coisa, *como reminiscência*. Belo não é o brilho instantâneo do espetáculo, do estímulo imediato, mas o *pós-luzir* silencioso, a *fosforescência do tempo*; a sequência veloz dos acontecimentos ou dos estímulos não é a temporalidade do belo. Assim, a beleza é um retardo, um retardatário; só posteriormente é que as coisas revelam sua essência perfumosa do belo, que consiste de estratificações e sedimentações temporais que vão fosforescendo. *A transparência não fosforesce*.

A atual crise epocal não é a aceleração, mas a dispersão e a dissociação temporal. Uma discronia temporal faz com que o tempo gire como biruta, sem rumo, transformando-o em mera sequência da atualidade pontual, atomizada. Com isso, o tempo se torna aditivo e esvaziado de toda e qualquer narratividade. *Átomos não têm perfume.* Só uma atração figurativa e uma força de gravidade narrativa poderão unificá-los em moléculas perfumadas; assim, apenas as configurações complexas, narrativas conseguem exalar perfume. E visto que não é a aceleração em si que representa o verdadeiro problema, sua solução não reside na desaceleração. A mera desaceleração não cria cadência, ritmo nem perfume, não impedindo a *queda para dentro do vazio.*

6
Sociedade da intimidade

O século XVIII é caracterizado como *theatrum mundi*, no qual o espaço público é equiparado a um palco. A *distância cênica* impede o contato imediato entre corpos e almas. O *teatral* é contraposto ao *táctil*, pois através de formas e sinais rituais comunica-se aquilo que pesa sobre *a alma*. Na Modernidade, renuncia-se cada vez mais a distância teatral em favor da intimidade. Richard Sennett vê nisso uma evolução perniciosa que retira do ser humano a capacidade de "jogar com autoimagens externas e possuí-las com sentimento"[72]. Formalização, convencionalização e ritualização não excluem a expressividade, pois o teatro é

---

72. SENNETT, R. *Verfall und Ende des öffentlichen Lebens – Die Tyrannei der Intimität*. Berlim, 2008, p. 81.

lugar de expressões, que são sentimentos objetivos, e não manifestações da interioridade psíquica. Por isso, elas são *representadas*, e não *expostas*. Hoje, o mundo não é um teatro no qual são *representadas* e *lidas* ações e sentimentos, mas um *mercado* onde se expõem, vendem e consomem intimidades. O teatro é um lugar de *representação*, enquanto que o mercado é um lugar de *exposição*. Assim, atualmente a *representação* teatral dá lugar à *exposição* pornográfica.

Sennett admite que a "teatralidade tem uma relação específica, e até hostil, com a intimidade, e, por outro lado, uma relação mais amistosa com a vida que se desenrola no espaço público"[73]. A cultura da intimidade caminha de mãos dadas com a decadência daquele mundo objetivo-público, que não é objeto de sensações e vivência íntimas. Segundo a ideologia da intimidade, as relações sociais são tanto mais reais, autênticas, fidedignas e verdadeiras quanto mais próximas das necessidades

---

73. Ibid.

internas, psíquicas do indivíduo. A intimidade é a *fórmula psicológica da transparência*; imagina-se alcançar a transparência da alma revelando-se os sentimentos e emoções íntimos, desnudando-a.

As mídias sociais e sites de busca constroem um *espaço de proximidade* absoluto onde se elimina o *fora*. Ali encontra-se apenas o si mesmo e os que são iguais; já não há mais negatividade, que possibilitaria alguma modificação. Essa *proximidade digital* presenteia o participante com aqueles setores do mundo que lhe *agradam*. Com isso, ela derriba o caráter público, a consciência pública; sim, a consciência *crítica*, privatizando o mundo. A rede se transforma em esfera íntima ou zona de conforto. A proximidade pela qual se elimina a distância também é uma forma de expressão da transparência.

A tirania da intimidade psicologiza e personaliza tudo, e até mesmo a esfera política não escapa desse processo. Assim, os políticos não são avaliados por suas ações. Seu interesse está voltado para a pessoa, o que provoca neles coerção por encenação. A perda do caráter público deixa atrás de si um vazio onde se derramam a intimidade e as estâncias privadas. No lugar do caráter público entra a publicização da pessoa; o público se transforma em espaço de exposição, afastando-se cada vez mais do espaço do agir comum.

Originalmente, pessoa (latim *persona*) significa máscara, dando um caráter, uma forma e uma configuração à voz que toa por intermédio dela. A sociedade da transparência, enquanto sociedade da revelação e do desnudamento, trabalha contra qualquer forma de máscara, contra a *aparência*.

Também a crescente espiritualização e desnarrativização da sociedade esvaziam-na de suas *formas aparentes* e a deixam desnuda. Nos jogos e nos rituais o decisivo são as regras objetivas, e não os estados psíquico-subjetivos; quem joga com outros se submete a regras de jogo objetivas. A comunalidade do jogo não reside na autoabertura mútua, mas as pessoas socializam-se mutuamente quando guardam distância umas das outras. A intimidade, ao contrário, destrói essa socialização.

A sociedade da intimidade desconfia dos gestos ritualísticos e dos comportamentos cerimoniais e formais; estes lhe parecem por demais exteriores e inautênticos. O ritual é uma ação a partir de formas de expressão externalizadas, que têm um efeito desindividualizador, despersonalizador e despsicologizador. Os que deles participam "*são* expressivos"[74], sem, no entanto, colocar a si mesmos sob holofotes ou ter de se desnudar. Mas a sociedade da intimidade é uma sociedade psicologizada, desritualizada; uma sociedade da confissão, do desnudamento e da falta pornográfica de distância.

A intimidade aniquila espaços objetivos de jogo em favor de regulamentações subjetivo-afetivas, sendo que no espaço cerimonial-ritualístico circulam sinais objetivos, não se deixando tomar por um ambiente narcisista; em certo sentido, *vazio e ausente*. O narcisismo é expressão de *distância em relação a si*, falta de autodistância. A sociedade da intimidade é

---

74. Ibid., p. 467.

habitada por sujeitos íntimos narcisistas, aos quais falta qualquer capacidade de distanciamento cênico. Sobre isso, Sennett escreve: "O narcisista não está propenso a fazer experiências, mas quer vivenciar; em tudo que lhe vem ao encontro ele busca vivenciar a si mesmo. Com isso ele desvaloriza toda e qualquer interação e cena [...]"[75]. Para Sennett, as perturbações narcisistas estão crescendo muito em nossos dias "porque a sociedade atual organiza psicologicamente seus processos de expressão internos, minando o sentido para interações sociais com sentido fora dos limites do si-mesmo individual". A sociedade da intimidade elimina sinais rituais, cerimoniais nos quais se escapa de *si*, se perde. Nas experiências encontramos o *outro*; mas nas vivências, ao contrário, sempre encontramos a *nós mesmos*. O sujeito narcísico não pode *colocar um limite a si mesmo*; os limites de si mesmo desaparecem. Por isso ele não consegue fazer surgir uma imagem estável do si-mesmo; funde-se de tal forma em

---

75. Ibid., p. 563.

si, que não se torna possível *jogar consigo mesmo*. O narcisista, tornado depressivo, engole a si mesmo em sua *intimidade* ilimitada. Não há qualquer *vazio* ou *distância* que consiga distanciar o narcisista de si mesmo.

7
Sociedade da informação

Olhando com mais precisão, vê-se que a caverna de Platão foi estruturada como um teatro. Os presos ali estão sentados como espectadores de teatro diante do palco. Entre eles e o fogo por trás de suas costas há um caminho, e ao longo do caminho acompanha um muro baixo, que se assemelha àquelas caixinhas "que os artistas viageiros constroem para representar diante dos espectadores, e nos quais apresentam suas peças"[76]. Ao longo do muro são transportados todo tipo de instrumentos, colunas com imagens e outras figuras de pedra ou madeira, que se mostram por sobre o muro e lançam suas sombras na parede ao fundo para onde os presos dirigem atenciosamente

---

76. PLATÃO. *República*, 514b.

o olhar. Alguns dos que transportam as imagens falam enquanto as transportam, outros se calam. E visto que os presos não podem se virar e olhar para trás, pensam que são as próprias imagens que falam. A caverna de Platão é, pois, uma espécie de teatro de sombras; os objetos que mostram suas sombras projetadas na parede não são coisas reais do mundo, mas figuras teatrais e requisitos. Sombras e espelhamentos das coisas reais existem apenas fora da caverna. Sobre aquela pessoa que é arrastada violentamente para fora da caverna, para a luz aberta do dia, observa Platão: "Ela tem de se acostumar, penso eu, se quiser ver as coisas que estão lá em cima. Em primeiro lugar, parece-me que teria mais facilidade em ver as sombras, depois as imagens de pessoas e de outros objetos espelhadas na água, e por fim as próprias coisas e pessoas"[77]. Os que estão presos na caverna não veem as imagens das sobras do mundo real; ao contrário, eles assistem a um teatro. Também o fogo é uma *luz artificial*. Na

---

77. Ibid., 516a.

verdade, os presos estão *agrilhoados* por *cenas*, por *ilusões cênicas*. Entregam-se a um *jogo*, a uma *narrativa*. A caverna de Platão não apresenta, como se costuma interpretar, diversas formas de conhecimento, mas diversas formas de vida; a saber, a forma de vida narrativa e a forma de vida cognitiva. A caverna de Platão é um teatro. O teatro como *mundo da narrativa* se contrapõe à alegoria da caverna do *mundo do conhecimento*.

Na caverna, o fogo, enquanto luz artificial, gera ilusões cênicas, lançando *aparências*. Assim, distingue-se da luz natural como *medium* da *verdade*. Em Platão, a luz tem um *direcionamento* bastante preciso; ela jorra do sol, como sua *fonte*. Todo ente está subordinado ao sol, enquanto ideia do bem; ele forma uma transcendência que reside inclusive "além do ser", chamado também de "Deus". O ente deve sua verdade a essa transcendência. A luz solar platônica é hierarquizada; edifica gradações em relação ao conhecimento, que parte do mundo das meras cópias das coisas que são percebidas pelos sentidos até o mundo inteligível das ideias.

A caverna de Platão é um mundo narrativo. Nele as coisas não se encadeiam umas às outras causalmente; ao contrário, seguem uma dramaturgia ou cenografia que interliga narrativamente as coisas ou os símbolos uns aos outros. A luz da verdade priva o mundo da *narratividade*; o sol aniquila a aparência; o jogo da *mimética* e da metamorfose dá lugar ao *trabalho na verdade*. Platão condena todo e qualquer enfoque voltado à transformação em favor da identidade rígida. Sua crítica à mimética aplica-se precisamente à aparência e ao jogo. Platão proíbe toda e qualquer apresentação cênica e nega inclusive ao poeta a entrada em sua cidade da verdade: "A um varão, como visto, que pode mostrar-se e apresentar todas as coisas em diversas configurações, em vista de sua sabedoria, se ele próprio viesse à cidade, querendo nos mostrar suas poesias, iríamos demonstrar-lhe reverência como a um varão santo, elegante e digno de admiração, mas lhe diríamos que entre nós, em nossa cidade, não há esse tipo de varão e que tampouco ele pode ali entrar; iríamos ungir sua cabeça com muitos óleos e colocar sobre ela uma guirlanda de lã e acompanhá-lo até a próxima cidade [...]"[78]. Também a sociedade da transparência é uma *sociedade sem poetas*, sem sedução e sem metamorfose. É, pois, o poeta que produz as ilusões cênicas, as formas aparentes, os sinais rituais e cerimoniais, contrapondo-os aos fatos desnudos hiper-reais, os *artefatos e antifatos*.

A metáfora da luz, que a partir da Antiguidade, passando pela Idade Média e chegando até o Iluminismo, acabou se tornando uma forte *referência* para o discurso filosófico e teológico. A luz jorra de uma *fonte* ou de uma *origem*. É o *medium* das instâncias do compromisso, da proibição, da promessa, como é Deus ou a razão. Assim, desenvolve uma *negatividade* com efeito polarizador e gerando contraposições. Luz e trevas têm igual origem; luz e sombras são copertencentes. Junto com o bem vem posto também o mal. A luz da razão e o obscuro do irracional ou do mero sensível condicionam mutuamente seu surgimento.

---

[78]. Ibid., p. 398a.

Contrariamente ao universo platônico da verdade falta à sociedade da transparência atual aquela luz divina na qual inabita uma *tensão metafísica*. *Transparência não tem transcendência*; a sociedade da transparência é *opaca*; não é iluminada por aquela luz que promana de uma fonte transcendente. A transparência não surge de uma fonte de luz iluminadora; o *medium* da transparência não é luz, mas uma *radiação opaca* que, em vez de *iluminar*, tudo penetra e torna tudo transparente. Contrariamente à luz, ela é penetrante e penetrável. Além disso, seu efeito é a homogeneização e o nivelamento, enquanto que a luz metafísica gera hierarquias e distinções, criando assim ordenações e orientações.

Sociedade da transparência é uma sociedade da informação. A informação é, *como tal*, um fenômeno da transparência na medida em que está privada de qualquer negatividade; é uma linguagem positivada, operacionalizada. Heidegger iria chamá-la de linguagem da "com-posição" (*Ge-stell*). "O falar é interpelado a corresponder à disponibilidade do vigente segundo toda e qualquer direção. O falar assim composto transforma-se em informação"[79]; a informação *põe* a linguagem humana. Heidegger pensa a "com-posição" a partir do dominar. Assim, as figuras do pôr, como encomendar (*Bestellen*), representar (*Vorstellen*) ou produzir (*Herstellen*), são correspondentemente figuras de poder e domínio. O encomendar *põe*-no como objeto. Mas a "com-posição" de Heidegger não abarca aquelas formas de pôr que são características de *hoje*. "Ex-por" e "pôr-se à mostra" não servem primordialmente para conquistar o poder. O que se busca não é poder, mas atenção; o impulso interior não é *polemos*, mas *porno*. Poder e atenção não se identificam simplesmente. Quem tem poder *tem* o outro, o que torna supérflua a busca de atenção, sendo que esta não gera automaticamente o poder.

Heidegger também toma em consideração a imagem só a partir da perspectiva do domínio: "imagem [...] refere-se àquilo que ressoa das expressões: estamos in-formados sobre

---

79. HEIDEGGER, M. *Unterwegs zur Sprache*. Stuttgart, 2007, p. 263.

algo. [...] colocar-se informado ou informar-se sobre algo significa: representar-se a própria coisa, naquilo e no modo em que ela está em si mesma, e tê-la diante de si constantemente como estando assim posta"[80]. Para Heidegger, a imagem é o *medium* pelo qual nos apoderamos do ente e dele nos assenhoreamos. Essa Teoria das Imagens não explica as imagens midiáticas de hoje, pois essas são *simulacros* que já não representam mais ente algum. Elas não têm como intenção fundamental "representar um ente diante de si e tê-lo diante de si como constantemente representado". Como simulacros, sem referência, elas apresentam como que uma *vida própria*. *Proliferam* também para além do poder e domínio. São de certo modo *mais entes* e mais *vivas* do que o "ente". A massa informativa e comunicativa multimidiática é mais um *conglomerado misturado (Gemenge)* do que uma "com-posição"[81].

---

80. HEIDEGGER, M. *Holzwege*. Frankfurt a. M. 2003, p. 89.

81. Falta ao mundo virtual a resistência do real e a negatividade do outro. Heidegger conjurou novamente a "terra" contra sua positividade sem gravidade. Ela estaria funda-

A sociedade da transparência não padece apenas com a falta de verdade, mas também com a falta de aparência. Nem a verdade nem a aparência são transparentes; somente o *vazio* é totalmente transparente. Para exorcizar esse vazio coloca-se em circulação uma grande massa de informações, sendo que a massa de informações e de imagens é um enchimento

---

mentada no elemento oculto, inescrutável e hermético: "A terra faz com que toda tentativa de nela penetrar se estilhasse em si mesma. [...] abertamente iluminada como si mesma aparece a terra apenas onde é percebida e conservada como aquela que é essencialmente inescrutável, que se retrai a qualquer ato de abrir, i. é, que se mantém constantemente fechada [...]. A terra é essencialmente autofechante" (*Holzwege*. Frankfurt a. M., 2003, p. 33). Também no "céu" está inscrito o desconhecido: "Assim, o Deus desconhecido aparece como o desconhecido pela abertura dos céus" (*Vorträge und Aufsätze*. Op. cit., p. 197). O conceito de "verdade" heideggeriano como "desocultamento", portanto, permanece igualmente inserido no "ocultamento". O "desocultamento" é arrancado de um "ocultamento" (*Wegmarken*. Frankfurt, a. M., 1976, p. 223 [Gesamtausgabe, vol. 9]). Através da verdade, portanto, se dá uma "fissura". Para Heidegger, a negatividade da "fissura" é a "dor", e a sociedade positiva evita a "dor". A verdade enquanto desocultamento não é luz sem negatividade nem radiação transparente; nutre-se, ao contrário, do oculto. É a "clareira" rodeada pela mata escura. Nisso ela se distingue da evidência e da transparência; ou seja, falta-lhe toda e qualquer negatividade.

onde ainda se faz sentir o vazio. Assim, mais informações e mais comunicação não *clarificam* o mundo; a transparência tampouco o torna clarividente. A massa de informações não gera *verdade*, e quanto mais se liberam informações tanto mais intransparente torna-se o mundo. Por isso, a hiperinformação e a hipercomunicação não trazem *luz* à escuridão.

8
Sociedade do desencobrimento

Em certo sentido os acontecimentos do século XVIII não eram muito diferentes dos ocorridos em nosso século. Naquela época já se conhecia o *pathos* da desocultação e transparência. Assim, escreve Jean Starobinski em seu estudo sobre Rousseau: "O tema do caráter mentiroso da aparência não é mais original no ano de 1748. No teatro, na Igreja, nos romances ou nos jornais, a seu próprio modo, todos se rebelam contra desfigurações, convenções, dissimulação e máscaras. Não se encontram no vocabulário conceitos sobre polêmica e sátira que apareciam de modo mais frequente do que *desvelar e desmascarar*"[82]. As *Confissões*,

---

82. STAROBINSKI, J. *Rousseau* — Eine Welt von Widerständen. Munique, 1988, p. 12.

de Jean-Jacques Rousseau, são características para o começo da época da verdade e da confissão. Ele queria, assim já soa no início das *Confissões*, mostrar um homem em sua "verdade natural intacta" (*toute la vérité de la nature*). Sem "empreendimento", que seria totalmente "sem precedentes", se prestava a uma revelação implacável do "coração". Rousseau assegura a Deus: "Mostrei-me como eu realmente era [...]. Desnudei meu interior (*mon intérieur*), como Tu mesmo vistes"[83]. Seu coração deveria tornar-se transparente como o cristal (*transparent comme le cristal*)[84]. *O coração de cristal* é uma metáfora básica de seu pensamento: "Seu coração, transparente como um cristal, não pode esconder nada do que nele se passa; cada emoção que nele surge é comunicada, partilhada com seu olho e com seu rosto"[85]. Exige-se a "abertura do coração",

---

83. ROUSSEAU, J.-J. *Bekenntnisse*. Munique, 1978, p. 9.

84. Ibid., p. 440.

85. ROUSSEAU, J.-J. *Rousseau richtet über Jean-Jacques – Gespräche, Schriften in zwei Bänden*. Munique, 1978, vol. 2, p. 253-636, aqui p. 484 [Ed. de H. Ritter].

"em virtude do que todos os sentimentos, todos os pensamentos se tornam comuns, de tal modo que cada um, na medida em que assim se sente, como ele deve ser, se mostra a todos como ele é"[86]. Rousseau convoca todos os seus semelhantes a "desvelar" seu coração "com a mesma sinceridade". Com isso, Rousseau instaura a *ditadura do coração*.

A exigência de Rousseau por transparência anuncia uma mudança de paradigma. O universo do século XVIII ainda era um teatro; estava repleto de cenas, máscaras e figuras. A própria moda era teatral; não havia diferença entre vestes do dia a dia e os trajes usados no teatro. Também as máscaras estavam na moda; era muito comum as pessoas se apaixonarem representando, criavam ilusões nas cenas. Os penteados das damas (*pouf*) transformavam-se em cenas, que representavam acontecimentos históricos (*pouf à la circonstance*) ou sentimentos (*pouf au sentiment*). Para a representação das cenas também eram inseridas

---

[86]. ROUSSEAU, J.-J. *Julie oder die neue Heloise*. Munique, 1978, p. 724s.

figuras de porcelana nos cabelos; colocava-se um jardim completo ou um navio com todas as velas sobre a cabeça. Tanto homens quanto mulheres pintavam partes de seu rosto com tintas vermelhas. O próprio rosto se transformava em palco onde se representavam certas propriedades características com o auxílio de adesivos de beleza (*mouche*). Se se anexasse um canto de olho, por exemplo, significava paixão. Localizado no lábio inferior, indicava franqueza de quem a portasse. Também o corpo era lugar de representação cênica. Nisso não estava em questão dar expressão sincera ao "interior" oculto (*l'intérieur*), mas sim, o "coração". Ao contrário, o que importava era *jogar* e brincar com a aparência, com ilusões cênicas. O corpo era uma boneca vestida *sem alma*, a ser adornado, enfeitado, equipado com símbolos e significados.

Rousseau contrapõe àquele jogo de máscaras e papéis seu discurso do coração e da verdade. Assim, por exemplo, ele critica veementemente o projeto de se construir um teatro em Genf. O teatro seria, para ele, uma "arte de dissimular-se, adotar um caráter diferente do seu, mostrar-se diferente do que se é, dizer algo diferente daquilo que se pensa e isso, naturalmente, como se realmente pensasse tal coisa, e por fim, acabar esquecendo totalmente sua própria situação, transferindo-se para a situação de um outro"[87]. O teatro é recusado, assim, pois seria o lugar da dissimulação, da aparência e da sedução, onde faltaria toda e qualquer transparência. A expressão não pode ser uma pose, mas deve ser um espelhamento do coração transparente.

Em Rousseau é possível observar que a moral da transparência total acaba se transmudando em tirania. O projeto heroico da transparência, de rasgar todos os véus, de trazer à luz e expulsar tudo o que é obscuro leva à violência. Já a proibição do teatro e da mimética, já prescrito pelo próprio Platão para seu ideal de Estado, concede à sociedade da transparência de

---

87. ROUSSEAU, J.-J. *Brief an Herrn d'Alembert* – Über seinen Artikel "Genf" im VII. Band der Enzyklopädie und insbesondere uber den Plan, ein Schauspielhaus in dieser Stadt zu errichten. Apud ROUSSEAU, J.-J. *Schriften*. Op. cit., vol. 1, p. 333-474, aqui p. 414.

Rousseau um caráter totalitário. Assim, Rousseau prefere cidades menores, visto que nelas "cada sujeito sempre está sob o olhar da publicidade e se transforma em juiz natural dos costumes e da moral do outro", e "a política pode manter o controle sobre todos"[88]. A sociedade da transparência de Rousseau mostra ser uma sociedade de controle e de vigilância total. Sua exigência de transparência se intensifica transformando-se no imperativo categórico: "Há um único mandamento da doutrina da moral que pode figurar no lugar de todos os demais, a saber, não faça e não diga nada que o mundo inteiro não possa ver ou não possa ouvir. Eu, por meu turno, sempre tive em grande estima aquele romano que desejava que sua casa fosse edificada de tal modo que todos pudessem ver o que ali se passasse"[89].

---

88. Ibid., p. 393.

89. ROUSSEAU, J.-J. *Julie oder die neue Heloïse*. Op. cit., p. 444. Rousseau edifica um estado natural no qual os seres humanos olhavam-se mutuamente: "antes que a arte de nosso ser exterior houvesse sido formada e que fosse colocada uma linguagem artificial na boca, nossos costumes ainda eram grosseiros, mas naturais, e a diversidade

A exigência de Rousseau por transparência do coração é um imperativo *moral*. O romano, com sua casa transparente, segue igualmente uma máxima *moral*, a saber, o "mandamento da doutrina dos costumes". A "casa sagrada com cobertura, muros, janelas e porta" é, hoje, de qualquer modo, "transpassada" por "cabos materiais e imateriais". Desmorona em "ruína pelas rachaduras do vento que sopra da comunicação"[90]. O *vento digital* da comunicação e da informação penetra tudo e torna tudo transparente. Ele atua através da sociedade da transparência; mas a rede digital como *medium* da transparência não está submetida a um imperativo *moral*. É de certo modo desprovida de *coração*, que do ponto de vista da tradição foi um *medium*

---

dos modos de vida denunciava ao primeiro olhar a diversidade de nosso caráter. A natureza humana, no fundo, não era melhor, mas as pessoas encontravam sua segurança na leveza em que se olhavam mutuamente, e essa vantagem, cujo valor não mais conhecemos, livrava-os de muitos vícios" (*Abhandlung über die Wissenschaften und Kunste*. Op. cit., vol. 1, p. 27-60, aqui p. 35).

90. FLUSSER, V. *Medienkultur*. Frankfurt a. M., 1997, p. 162.

metafísico-teológico da verdade. A transparência digital não é cardiográfica, mas pornográfica, produzindo também panópticos econômicos. Neles não se busca acentuar a moral do coração, mas maximizar lucros, chamar a atenção. A iluminação total promete, pois, *uma exploração máxima.*

9
Sociedade do controle

Em 1978, em "Agonie des Realen" (Agonia do real)[91], Baudrillard escreveu: "Estamos vivenciando o fim do espaço perspectivístico e do panóptico". Baudrillard desenvolve suas teses ainda partindo do *medium* da televisão: "O olho televisivo já não é o ponto de partida de um olhar absoluto, e a transparência já não é o ideal de controle. No espaço objetivo (o espaço da Renascença), a transparência ainda era o pressuposto para a onipotência do olhar despótico"[92]. Na época, a rede digital ainda não era conhecida a Baudrillard. Hoje, em contraposição ao diagnóstico que ele fez de sua época, seria preciso constatar que, no

---

91. BAUDRILLARD, J. *Agonie des Realen*. Op. cit., p. 48.

92. Ibid., p. 47.

momento, não vivemos o final do panóptico, mas o começo de um novo tipo de panóptico: *aperspectivístico*. O panóptico digital do século XXI é aperspectivístico na medida em que não é mais vigiado por um centro, não é mais supervisionado pela onipotência do olhar despótico. A distinção entre centro e periferia, essencial para o panóptico de Bentham, desapareceu totalmente. O panóptico digital surge agora totalmente desprovido de qualquer ótica perspectivística, e isso é que constitui seu fator de eficiência. A permeabilidade transparente aperspectivística é muito mais eficiente do que a supervisão perspectivística, visto que é possível ser iluminado e tornado transparente a partir de todos os lugares, por cada um.

O panóptico de Bentham é um fenômeno da sociedade disciplinar, é uma instalação que visa o melhoramento. São submetidos ao controle do panóptico presídios, fábricas, hospícios, hospitais e escolas. São instituições típicas da sociedade disciplinar. As celas ordenadas uniformemente em torno da torre de controle estão rigorosamente isoladas umas das outras, de modo que os detentos não podem se comunicar entre si. As paredes que separam as celas são as responsáveis para que tampouco os detentos possam ver uns aos outros. Assim, eles são expostos à solidão em vista de um melhoramento, é o que afirma Bentham. O olhar do observador alcança cada canto da cela, enquanto que ele próprio permanece invisível para os presos: "The essence of it consists, then, in the *centrality* of the inspector's situation, combined with the well-known and most effectual contrivances for *seeing without being seen*"[93]. Com o auxílio de técnicas refinadas cria-se a ilusão de uma vigilância permanente. Aqui a transparência se dá apenas unilateralmente. E é nisso que reside sua perspectividade, que dá fundamento à estrutura de poder e domínio. Na aperspectividade, ao contrário, não se estabelece olho central algum, não se dá qualquer subjetividade ou soberania central. Se os presos do panóptico de Bentham têm ciência de estarem constantemente sendo

---

93. BENTHAM, J. *Panopticon*, letter V.

observados por um vigia, ilusoriamente os habitantes do panóptico digital imaginam estar em total liberdade.

A sociedade do controle atual apresenta uma estrutura panóptica bastante específica. Contrariamente à população carcerária, que não tem comunicação mútua, os habitantes digitais estão ligados em rede e têm uma intensiva comunicação entre si. O que assegura a transparência não é o isolamento, mas a hipercomunicação. A especificidade do panóptico digital é sobretudo o fato de que seus frequentadores colaboram ativamente e de forma pessoal em sua edificação e manutenção, expondo-se e desnudando a si mesmos, expondo-se ao mercado panóptico. O expor pornográfico e o controle panóptico misturam-se entre si; o que alimenta o exibicionismo e o voyeurismo é a rede enquanto panóptico digital. Nesse sentido, a sociedade de controle chega a sua consumação ali onde o sujeito dessa sociedade não se desnuda por coação externa, mas a partir de uma necessidade gerada por si mesmo; onde, portanto, o medo de renunciar à sua esfera privada e íntima dá lugar à necessidade de se expor à vista sem qualquer pudor.

Frente ao progresso irrefreável das técnicas de supervisão, o futurista David Brin assevera a fuga para frente, exigindo a supervisão de todos por todos; portanto, uma democratização da supervisão. A partir daí ele tem esperança de criar uma *transparent society*. Desse modo, postula um *imperativo categórico*: "Can we stand living exposed to scrutiny, our secrets laid open, if in return we get flashlights of our own thet we can shine on anuone [...]?"[94] A utopia de Brins, da *transparent society* repousa na ilimitude da supervisão. Todo e qualquer fluxo de informações assimétrico que produza uma relação de poder e domínio deve ser eliminado. O que se exige é, pois, uma iluminação completa recíproca. Não só o inferior é supervisionado pelo superior, mas também o superior é supervisionado pelo inferior. Cada um e todos são expostos à visibilidade e ao

---

94. BRIN, D. *The Transparent Society*. Reading, Mass, 1998, p. 14.

controle, e, quiçá, adentrando inclusive a esfera privada. Essa supervisão total degrada a *transparent society* a uma sociedade de controle desumana, na qual todos controlam todos.

Transparência e poder não se coadunam muito bem. O poder prefere velar-se no oculto, e a práxis arcana é uma das práxis do poder. A transparência é que derriba a esfera arcana do poder, sendo que a transparência recíproca só pode ser alcançada através de uma supervisão permanente, que vai tomando uma forma cada vez mais excessiva. Essa é a lógica da sociedade da supervisão. Além do mais, o controle total aniquila a liberdade de ação e leva, em última instância, à uniformização. A confiança, que produz espaços de ação pautados na liberdade, não pode simplesmente ser substituída pelo controle: "Os seres humanos têm de crer e confiar em seus senhores. Com essa confiança conferem-lhe uma certa liberdade de ação, renunciando a um constante exame e supervisão. Sem essa autonomia não é possível dar passo algum"[95].

---

95. SENNETT, R. *Respekt im Zeitalter der Ungleichheit*. Op. cit., p. 152.

A confiança só é possível em uma situação que conjuga saber e não saber. Confiança significa edificar uma boa relação positiva com o outro, apesar de não saber dele; possibilita ação, apesar da falta de saber. Se de antemão sei tudo, já se torna supérflua a confiança. Transparência é um estado no qual se elimina todo e qualquer não saber, pois onde impera a transparência já não há espaço para a confiança. Em vez do mote *transparência cria confiança* dever-se-ia propriamente dizer: *a transparência destrói a confiança*. A exigência por transparência torna-se realmente aguda quando já não há mais confiança, e na sociedade pautada na confiança não surge qualquer exigência premente por transparência. Por isso, a sociedade da transparência é uma sociedade da desconfiança e da suspeita, que, em virtude do desaparecimento da confiança, agarra-se ao controle. A intensa exigência por transparência aponta precisamente para o fato de que o fundamento moral da sociedade se tornou frágil, que os valores morais da honestidade e sinceridade estão perdendo cada vez mais importância. Em lugar da instância moral pioneira aparece a transparência como novo imperativo social.

A sociedade da transparência segue precisamente a mesma lógica que a sociedade do desempenho. O sujeito do desempenho é alguém livre da instância de domínio externo que o obriga a trabalhar e o explora no trabalho. Mas a derrocada da instância de domínio não leva a uma real liberdade e falta de coação, uma vez que o sujeito do desempenho também se autoexplora; ou seja, o sujeito que explora é ao mesmo tempo o sujeito explorado. Agressor e vítima aqui coincidem. A autoexploração é muito mais eficiente do que a exploração do outro, pois é acompanhada por um sentimento de liberdade; o sujeito do desempenho submete-se a uma coação livre, autogerada. Essa dialética da liberdade também está presente no fundamento da sociedade de controle. A autoiluminação completa é muito mais eficiente do que a iluminação feita pelos outros, pois vem acompanhada do sentimento de liberdade.

O projeto panóptico de Bentham tem motivação acima de tudo *moral* ou *biopolítica*. Segundo ele, o primeiro efeito a ser esperado do controle panóptico é *moral reformed* (a moral reformada)[96]. Como outros efeitos, ele menciona: *health preserved* (a saúde preservada), *instruction diffused* (a instrução difundida) e *the gordian knot of the poor-laws are not cut, but untied* (o nó górdio da lei dos pobres não é cortado, mas desatado)[97]. A coação por transparência, hoje, não é um imperativo explicitamente moral ou biopolítico, mas sobretudo um imperativo econômico; quem se ilumina completamente se expõe e se oferece à exploração econômica. *Iluminação completa é exploração*. Quando uma pessoa é superfocalizada e iluminada, maximiza sua eficiência econômica. O cliente transparente é o novo presidiário, sim, o *homo sacer* do panóptico digital.

Na sociedade da transparência não se forma *comunidade* em sentido enfático. Surgem

---

96. BENTHAM, J. *Panopticon*, Preface.

97. Ibid.

apenas certos ajuntamentos e agrupamentos de diversos indivíduos isolados singularmente, de *egos* que perseguem um interesse comum ou que se agrupam em torno de uma marca (*Brand comunities*) (Comunidades de marca). Distinguem-se de reuniões que teriam condições de formar um *nós*, de estabelecer um comércio comum, político. A esses falta o *espírito*[98]. Reuniões como *brand communities* formam uma composição aditiva sem qualquer densidade interna. Consumidores se entregam voluntariamente a observações panópticas que controlam e satisfazem suas necessidades. Aqui, os meios sociais já não se distinguem das máquinas panópticas; comunicação e comércio, liberdade e controle se identificam. A abertura das relações de produção para consumidores, sugerida por uma transparência mútua, mostra ser, em última instância, uma *exploração do social*. O elemento social é degradado e operacionalizado como um elemen-

---

98. Cf. HEGEL, G.W.F. *Phanomenologie des Geistes*. Op. cit., p. 140. "Aqui o conceito de *espírito* já se faz presente para nós. [...] *eu* que é *nós* e *nós* que é *eu*".

to funcional do processo de produção, prestando-se sobretudo à otimização das relações de produção. Falta-lhe todo resquício de negatividade à aparente liberdade dos consumidores. Já não se forma qualquer exterior que possa colocar em questão o interior sistemático.

Hoje, o globo como um todo está se transformando em um único panóptico. Não existe um fora do panóptico; ele se torna total, não existindo muralha que possa separar o interior do exterior. Google® e redes sociais, que se apresentam como espaços de liberdade, estão adotando cada vez mais formas panópticas. Hoje, a supervisão não se dá como se admite usualmente, como *agressão à liberdade*[99]. Ao contrário, as pessoas se expõem *livremente* ao olho panóptico. Elas colaboram intensamente na edificação do panóptico digital na medida em que se desnudam e se ex-

---

99. Há um livro de Ilija Trojanow que expõe o assunto: *Angriff auf die Freiheit: Sicherheitswahn, Uberwachungsstaat und der Abbau burgerlicher Rechte* (Atentado à liberdade: ilusão de segurança, Estado supervisionador e desconstrução de direitos civis).

põem. O presidiário do panóptico digital é ao mesmo tempo o agressor e a vítima, e nisso é que reside a dialética da liberdade, que se apresenta como controle.

Para ver os livros de
BYUNG-CHUL HAN

publicados pela Vozes, acesse:

livrariavozes.com.br/autores/byung-chul-han

ou use o QR CODE

Conecte-se conosco:

f facebook.com/editoravozes

◯ @editoravozes

𝕏 @editora_vozes

▶ youtube.com/editoravozes

◯ +55 24 2233-9033

www.vozes.com.br

Conheça nossas lojas:

www.livrariavozes.com.br

Belo Horizonte – Brasília – Campinas – Cuiabá – Curitiba
Fortaleza – Juiz de Fora – Petrópolis – Recife – São Paulo

EDITORA VOZES LTDA.
Rua Frei Luís, 100 – Centro – Cep 25689-900 – Petrópolis, RJ
Tel.: (24) 2233-9000 – E-mail: vendas@vozes.com.br